El camino de la seducción

Alvin Paulo

Published by John Danen, 2023.

While every precaution has been taken in the preparation of this book, the publisher assumes no responsibility for errors or omissions, or for damages resulting from the use of the information contained herein.

EL CAMINO DE LA SEDUCCIÓN

First edition. December 15, 2023.

Copyright © 2023 Alvin Paulo.

ISBN: 979-8224298785

Written by Alvin Paulo.

Tabla de Contenido

Prólogo por John Danen.

Alvin Paulo es un hombre muy interesante. Lo conocí por internet en un grupo de seductores al cual me incorporaron, compuesto por varios personajes, a cual más variopinto.

Alvin Paulo era uno de ellos. De todos estos, este fue el hombre con el que más sintonía tuve y colaboré con él en algunos proyectos.

Yo creo que lo más destacable de Alvin es la perseverancia, él no se rindió en su juventud cuando estaba frustrado y hasta fracasado con las mujeres. En esos momentos tenía muy pocas habilidades, fruto como suele ocurrir en la mayoría de los casos, de las pésimas amistades con las que se rodeaba, y de las creencias limitantes que estos personajes tóxicos le inculcaban.

Pero Alvin, pese a todo ello, era un hombre inteligente y supo cómo eliminar de su vida a estos personajes nocivos. Viajó, conoció otros lugares, y tubo otras experiencias que le abrieron completamente la mente, y le otorgaron esos triunfos de tanto costaban conseguir en las anteriores circunstancias.

Gracias a su mejora personal se convirtió en todo un seductor que, poco a poco, fue labrándose su lugar en la cumbre conociendo en profundidad a las mujeres, y teniendo una vasta experiencia con ellas.

Además Alvin es un narrador meticuloso, y en este libro te va a contar de un modo detallado y preciso cómo fue su proceso personal de mejora, así como darte importantes consejos para que tú puedas interactuar con las mujeres de un modo exitoso.

Alivin es un hombre para mi gusto o un poco duro y exigente con sí mismo, y en este libro desnuda su alma contando sus triunfos pero también sus miserias. Lo hace para que tú te sientas identificado y acabes al igual que hizo Alvin, ese proceso de mejora personal pendiente, que aquí tienes simplificado y totalmente contrastado.

Si Alvin lo hizo y cambió completamente su suerte, tú también podrás hacerlo gracias a la lectura de este libro.

John Danen lo recomienda.

¿Quién soy yo?

Antes de empezar me gustaría aclarar una cosa, este es un libro que ha sido planeado por mucho tiempo y que está inspirado en las cosas naturales de la vida. También es cierto que tiene un montón de experiencias vividas por quien lo escribe y que serán desglosadas en los próximos capítulos.

Desde aquellas tardes y noches aciagas de mediados de los noventa, hasta aquellos días de inicios de los dos mil cuando vivía un vagabundear sin destino, por las calles de mi ciudad, pasaron muchas cosas.

De aquella época ya no existen ni fotos, seguramente uno busca imágenes de aquellos tiempos y hasta es difícil encontrarlas en las bibliotecas. Pero ciertamente el recuerdo amargo de esos días todavía está presente en mí, ya no como un karma, sino como un punto de inflexión que sirvió para el cambio.

No importa lo que te digan los moralistas que aún quedan, como tampoco importa lo que opina la gente que te menosprecia, si aún no has experimentado la vida de follador, cuando lo hagas la encontrarás infinitamente superior a cualquier cosa que te cuenten esas personas, te lo garantizo.

Esto es así a tal punto que de las pocas cosas que rescato de aquéllos oscuros tiempos son precisamente las escazas victorias que tuve conquistando mujeres, todo el resto no fue más que un mar de fondo de una época insípida.

Ahora bien, todo lo que fue mi historia antes del momento del cambio puede parecerte aburrido y yo quiero hacer este relato en algo ameno. La razón de esto esta en que yo considero que más que cualquier teoría, necesitas que alguien te cuente su experiencia. Un recorrido mediante el cual, alguien como yo, que era un inexperto y hasta visto como un nerd por las mujeres llegó a ser un ligón de élite.

No estoy por la labor de entrar en debates, pues pienso que es ovio que todos tenemos ganas de follar, ¡y muchas!

Cada mujer que veía por aquel entonces, sobre todo si tenía el rango de edad que va desde los veinte a los cuarenta años, era apetecible en mi cabeza al menos para estar en mi cama. Eso provoca aún buenos recuerdos en mí, al menos divertidos, aunque en ese momento no lo eran, ya que mi deseo aumentaba en directa proporción al rechazo que sentían las chicas hacia mí por lo baboso que solía ser.

Pero ¿que pasaría si te dijera, que existe una diferencia clave entre el amor y el sexo que, si sabes identificarla, te abrirá las puertas a acostarte con cualquier mujer que te propongas, aun cuando en principio la veas como inalcanzable?

Este libro va de esto, desde aquellos lejanos tiempos que describí he estado con chicas de todas las clases sociales, todos los continentes y razas, lindas, feas, altas, bajas y he acumulado una experiencia que espero puedas aprovechar para usarla en tu favor y así no equivocarte a la hora de interactuar con mujeres.

Porque sí, es cierto nos equivocamos muy seguido. La triste verdad es que siendo cierto que el sexo con muchas mujeres es lo mejor que nos ha regalado la madre naturaleza, hay hombres, sin embargo, que deciden casarse para toda la vida. ¿Por qué apostar todo a una sola carta cuando en la gran mayoría de los casos el amor no dura mucho, como lo deja en claro la elevada tasa de divorcios a escala mundial?

Lo cierto es que en aquella época permanentemente tenía ganas de follar ¿y sabes qué? No estaba solo, pues todos los hombres a mi alrededor sentían lo mismo.

Uno de aquellos lejanos días ocurrió algo que interpreté como una señal.

Vi a una chica que tenía fama de moralista-progresista, de hecho, todos los que la conocíamos, que éramos varios, nunca la habíamos visto sonreír. Pero ese día, en un acto en la universidad, particularmente aburrido, me dirigí hacia ella para que me dijera cuando se acababa el evento en el que estábamos.

¿Fue mi mirada? ¿fue mi manera de caminar?

Lo cierto es que, ahora me imagino a mi mismo en ese momento, recuerdo la manera en la que la miraba, mi lenguaje corporal y el tono de mi voz, dándome cuenta de que no debieron ser muy amables, sino más bien rudos, y de algún modo esa rudeza hizo que cuando me acerqué, antes de que pudiese decir nada, ella me tomara la mano de la manera menos romántica posible.

Me sacó del sitio donde estábamos, me llevó a su auto deportivo último modelo y me practicó el sexo oral más salvaje que había tenido en toda mi vida. Después me sorprendió de nuevo, y me vi echándole un polvo de leyenda. En ese momento me resultó difícil creer que eso me estuviese pasando.

Yo vivía en un barrio cercano al de la gente pudiente, y allí era un clásico ver mujeres de nivel, con físicos espectaculares y cuidadas hasta el último detalle. Estas mujeres cuando un baboso se les acercaba tenia la mala cara garantizada, cuando no una actitud aún más hostil.

Por aquel entonces creía que esas mujeres estaban hechas de acero y no tenían necesidades sexuales. Pensaba que estaban destinadas a casarse y tener sexo sólo en su matrimonio.

Lo cierto es que no importaba la actitud porque esas mujeres, que yo suponía inalcanzables, tenían una cara B, un lado sexual, la misma chica a la que juzgaba como casi un comisario, seria , amargada y asexuada me sonrió después de que practicamos sexo super depravado en su auto y en un tono entre romántico y divertido me contó lo que acostumbraba a hacer cuando veía a hombres con mi actitud: wow, me dijo, "yo llego a mi casa y tengo por costumbre masturbarme pensado en los hombres que veo por la calle, cuando pienso en uno con don de mando que me lleve a la cama para follarme de todos los modos imaginables, que me gobierne , me dé órdenes, me pongo calientísima.

Tengo un juguete en mi habitación, no es grande solo lo suficiente para darme placer, funciona con pilas, y miles de veces cuando veo a tipos, como tu estabas en la sala, mojo mis braguitas y cuando llego a mi casa a matarme a pajas ya estoy mojadita, mis papas no se dan cuanta porque tengo un armario de lujo, ropa fina".

Ahí estaba yo, escuchando a esa hermosura de físico cegador, que de lejos nos parecía una comisaría amargada y mandona, confesando que su sueño húmedo era un hombre de armas tomar en la vida y en la cama. Era otra época, ese tiempo en donde uno está intentando quedarse en la niñez, pero no puede, la adolescencia llega y te atrapa, te guste o no es imposible seguir aferrado a tu infancia, y bueno es ese momento donde actitudes como las de aquella chica te sorprenden.

Hoy por hoy ya no me ocurre, ya se los motivos por los cuales las mujeres reaccionan así, lo sé por qué desde aquellos tiempos hasta ahora he aquilatado la experiencia necesaria como para atraer a cualquier mujer, casi sin esfuerzo y es lo que te quiero revelar en este libro.

El duro aprendizaje.

Lo cierto es que, como dije antes, mi niñez me abandonó sin que pudiera hacer nada y en el momento indicado, a su vez, la adolescencia también me dejó. Algo ocurre con los hombres entre los veinticinco años y los cuarenta, más o menos, que tienen el potencial suficiente como para volver locas a las mujeres, sólo hay que exprimir ese talento. Yo no tenía ni idea de esto, como dije antes, mi infancia y adolescencia fueron traumáticas al respecto.

Pero ese hecho lejos de ser una mala noticia me fue revelando con el correr de los años que la **seducción no es innata** y ese fue un tremendo cimbronazo en mi mente. Pero atento aquí, esa buena nueva no llega nunca de manera dulce, antes de eso uno conoce la seducción, pero todavía se cree que las mujeres son un objetivo a conquistar, un enemigo, y eso te frustra, sobre todo cuando una interacción no te resulta, cuando alguien no se comporta como tú quieres. Pues bien, ese es el primer y grave error, pues en todo orden de cosas y más aún en este mundo, los fracasos te deben importar nada en absoluto.

Esto es muy importante que lo entiendas porque en este campo hay una gran cantidad de mitos que hasta el día de hoy parecen para mucha gente verdades. Por ejemplo, según una gran cantidad de mujeres los hombres solo quieren sexo. Esto no es cierto, porque si así fuera todos los hombres se quedarían para siempre en el night club para caballeros y nunca irían a los pubs a conocer mujeres, y adivina que, en los pubs se gasta mucho más dinero que en los burdeles de prostitutas.

Esto sí que lo afirmo por experiencia propia, yo pasaba las noches metido en los night club para hombres, era entretenido. En ellos descubrí además que era extraordinario en el terreno sexual cuando estaba motivado, al punto de que una de las chicas que trabajaba en esos lugares se propuso seriamente dejar esa actividad por mí.

A eso súmale que en esos lugares ni una mujer puntúa menos de un ocho en cuanto a belleza y están dispuestas a cumplir todas tus fantasías. Sin embargo y mientras frecuentábamos esos clubes, a mí y a mis amigos nos empezó a picar, poco a poco, el bichito de conquistar mujeres "sin pagar". Como dije, esto no es real, porque ninguna mujer se va con un tipo que es una pobre rata que no tiene ni un peso en los bolsillos.

Pero la situación nuestra no era esa porque los pubs que conocíamos eran frecuentados por mujeres que ya venían de zonas pudientes, es decir ya tenían dinero. En aquel momento tenía veinticinco años y estando en un pub se me vino a la mente el episodio de diez años antes cuando tuve el revolcón que mencioné con la chica de mi universidad, la actitud que tuve que por primera vez me había generado resultados, y me propuse llevarla a la práctica en aquel momento.

Ni bien entramos en el pub, surgió la primera oportunidad y la situación casi perfecta: nosotros en la barra, sentadas en una mesa tres mujeres más o menos de nuestra edad, unos bellezones que parecían sacadas de un desfile de modas. La música a esas alturas de la noche sonaba fuerte, por lo que el presentarse y hablar no parecía una buena idea.

Así que recordé aquel momento en la universidad, despegué lentamente mi cuerpo de la barra, me puse en posición enteramente vertical, hombros atrás, cabeza levantada, brazos separados del tronco y un rictus en el rostro con un ligero aspecto de malo, de tipo pendenciero. Me pareció increíble pero esa actitud volvió a resultar, más aún me salió bien con tres mujeres sin ayuda de mis dos amigos. Aun cuando esa noche lleve a mis nuevas conquistas con mis amigos y fuimos tres para tres, me quedo claro que todas ansiaban tener sexo conmigo.

¿Qué quieren las chicas? ¿qué es lo que les gusta?, porque las vuelve locas un determinado tipo de hombre más que otro? que hay que hacer para que les gustes? ¿Como hay que comportarse para llevarlas a tener sexo contigo? Según mi experiencia, hay dos máximas fundamentales, dos razones de peso, dos cosas clarísimas que has de saber:

1)-**A las chicas les gusta la seguridad**, la autoridad y el desenfado en un hombre.

2)-**Les gusta un hombre que se ame y se respete a sí mismo**, más que uno que las ame a ellas.

Es aquí mi querido amigo donde empiezan los conflictos con la mentada teoría que postula que has de preocuparte todo el día por ella, de ser un buen tipo, de estar siempre de acuerdo con todo lo que dice y hace. Si intentas ligar siendo ese tipo, lo único que te garantizo es una larga lista de fracasos con ridículo incluido.

Yo he estado en innumerables ocasiones oyendo a mujeres hablar de sus pretendientes entre ellas, no te das una idea de cómo se burlan de los tipos buenos de los que hablan como si estos fueran muñequitos sin pilila, y debo hacer notar que yo las escuchaba sin preguntares nada y sin que el tema viniera a cuento.

En cambio, las mujeres quedan impactadas con un hombre de verdadero alto valor, ese que está preparado para el rechazo, que no dedica demasiado tiempo y energía a ligar, que no importe demasiado lo que diga, sino como lo diga, que tenga un ligero tinte de malote, que sepa lo que quiere y sobre todo que se conozca a sí mismo.

Esto último es muy importante porque, si te conoces bien, sabrás retirarte a tiempo, incluso si las cosas van bien, y precisamente por eso la ilusión en ella crecerá y se dibujará en su mente la imagen de un hombre con el que vale la pena tener una aventura sexual o incluso una relación.

Como dije anteriormente comportarse como un chico bueno te lastrará y te hará hacer el ridículo. ¿Pero cómo detectas que estás haciendo un papelón? ¿Como adviertes ese momento en el que debes cambiar porque estás haciendo todo mal?

Fíjate en la actitud de las mujeres contigo: ¿te dicen que no quieren tener sexo contigo porque no te conocen demasiado?, ¿te dicen que tienen miedo a quedarse embarazadas?, ¿te ponen la excusa de que están con la regla?, ¿te salen con el argumento de que todos los hombres son iguales?, ¿te dicen el clásico libreto que ellas no son putas, que son puras o que solo te quieren como amigo?, que tienen miedo que se estropee la amistad por culpa del sexo?

Amigo mío, si alguna vez escuchaste estas excusas de las mujeres debes saber que son solo eso, excusas, y lo sé porque en estos últimos años he tenido una gran cantidad de amigas con derecho, con las cuales tuve sexo por mucho tiempo y jamás se arruinó nuestra amistad, aun cuando dejamos de vernos.

Te sorprenderías aún más si te contara las circunstancias en las que las conocí. Un capítulo que nunca olvidaré fue cuando tuve mi primer trabajo. Tenía como colegas a un grupo de amigas y había una de ellas que me gustaba mucho y a todo el mundo, pues era increíblemente guapa. Pero tenía un círculo de amigas que la custodiaban para ahuyentar a los "babosos" que intentaban agradarle y yo ya tenía la fama de malote en mi trabajo, porque la principal "amiga-consejera" de mi objetivo, le hablaba pestes de mí y hasta se ponía histérica cuando yo me acercaba.

Fue precisamente esa fama de desfachatado-malote la que me permitió no solo follarme a la que me gustaba, sino a su amiga del alma que, aunque a los ojos de la gran mayoría tenía la fama de bruja, se comportó como una diosa mientras yo tenía sexo con ella.

¿Entiendes a dónde voy? Lo que intento decirte es que si te comportas como el bueno de la película tienes el fracaso garantizado, en cambio si tú eres ese hombre desfachatado y cara dura probablemente no tengas siempre éxito, pero aumentarás tus posibilidades de tener sexo con mujeres de fantasía hasta un punto que ahora no te imaginas.

Piénsatelo un poco, dale una vuelta. Tú de seguro has escuchado en las mujeres eso de que no pueden ver ni en pintura a un hombre que quiere sólo sexo, que su sueño es un hombre que quiera tener una familia que tenga un proyecto, que sea un líder en lo que hace y que tenga metas claras.

¿Si esto es cierto, porque hay tantos hombres con esas características que no tienen mujeres ni la mitad de buenas que tipos que son unos don nadie? Un ejemplo que siempre doy es el de Roger Federer, fíjate en su mujer, estando Suiza lleno de tías bellas, Roger tiene una esposa común y corriente. Si yo te relatara la cantidad de hombres que no son ni la mitad del suizo en ningún aspecto, que tienen novias que le dan mil vueltas a la señora Federer, tendría que escribir, otro libro solo dedicado a hacer esa lista.

No sé si te has preguntado por qué ocurre esto. Hay mujeres guapas por doquier. Si estas en un sitio público mira a tu alrededor. ¿La estás viendo? Son miles y podrían ser tuyas. Si estas en casa piensa en cómo te ha ido el día. Has visto muchas mujeres guapas: en la cafetería, en la oficina, en el gimnasio y en la calle. Todas esas bellezas mantienen relaciones sexuales; a todas y cada una de ellas les encanta el sexo y no hay ninguna razón por la que no podrían estar practicándolo contigo.

Como te lo expliqué con el ejemplo de Roger Federer no tiene importancia si eres guapo o no, ni cuánto dinero tengas, ni si eres el mejor en algo. La seducción no tiene nada que ver con esas cosas. Lo importante en esto es la actitud, y todo el mundo puede adoptar el estado adecuado.

Si, también tú. Incluso aunque nunca te hayas dirigido a una mujer ni hayas tenido una cita amorosa en tu vida. Y como aprenderás en este libro incluso el conquistar a una chica guapa te será sorprendentemente fácil siempre que conozcas los principios básicos que yo descubrí a través de mi experiencia.

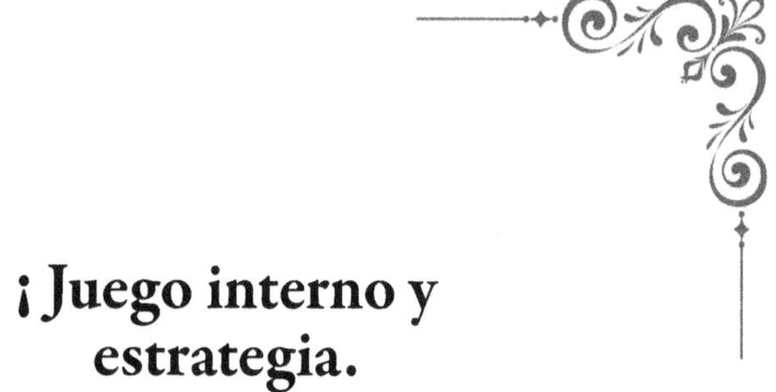

¡Juego interno y estrategia.

Existen estrategias como la que te describí en el principio del libro, y que hallé por casualidad y que pueden funcionar perfectamente. Pero eso sólo si es dentro de un plan en el que conozcas los principios básicos de la seducción. Hay muchos, pero sobre todo hay uno que es imprescindible: **jamás obsesionarse por una sola mujer.**

Nunca olvidaré esa época que recién mencione de las que ya no hay imágenes y solo encontraras fotos amarillentas en Google en el mejor de los casos. Yo aún estaba en el colegio y recuerdo la atracción que sentía hacia mi compañera de curso más bonita físicamente, su belleza en ese entonces era para mí cegadora, en el sentido más literal del término, ya que me impedía ver a mis otras compañeras como potenciales conquistas.

El problema era aún mayor si tienes en cuenta que estaba en sus clásicos quince minutos de fama que suelen tener las chicas sexis a esa edad, por lo que todos mis compañeros de sala andaban detrás de ella. Todo terminó mal. Ante el "maguéo" y las burlas de uno de mis "competidores", mi carrera por conquistar a esa tipa terminó en una gresca tremenda a puñetazos con el tipo que me intentaba sabotear la interacción con ella.

Durante mi adolescencia puedo contar miles de capítulos como este, en donde me peleaba por una mujer que creía única y ni yo, ni los tipos con quienes me enfrentaba por la atención de la chica en cuestión, terminaban teniendo sexo con ella. Esto ocurre cuando tú te centras solo en una mujer y crees que ella es la más bonita del mundo, y que sino la conquistas nunca más se va a volver a repetir la posibilidad de tener a una diosa como ella en tu vida.

Hoy cuando miro hacia atrás y veo algunas de las pocas fotos que quedan de aquel tiempo me doy cuenta que la mujer que me perdía no era tan guapa como yo la veía. Te puedo jurar que no es cuestión de la moda de entonces. No, es que hoy, después de haber estado con miles de mujeres de todo el mundo, por lo menos el noventa por ciento de ellas son muy superiores a las chicas que idealizaba de adolescente.

Esto tiene que ser una buena noticia para ti ya que es a partir de darte cuenta de esta realidad que empieza a tener más claro que debes desarrollar dentro de tu subconsciente una **mentalidad de abundancia**. Es absurdamente fácil. ¿Y por qué? Por la sencilla razón de que es la realidad, la cotidianidad de la inmensa mayoría de los hombres.

El problema es que muchos de ellos no se dan cuenta de esto. Es una creencia clave que has de tener antes de tomar acción. Si lo tienes claro, después cuando se presente la oportunidad, todo te será más fácil a la hora de interactuar con chicas.

Mi receta es muy fácil y tiene su historia. Era el final de uno de mis años en la universidad. Yo estaba loco por una compañera a quien yo consideraba una belleza, pero ella me puso desde un principio en el club de los amigos. ¿La razón? tenía novio. El problema no era que me tratara mal o fuera antipática conmigo, al contrario, era muy simpática, pero no me veía con ojos sexuales. Terminó ese año universitario conmigo devastado emocionalmente, hasta casi diría que con una depresión. Para colmo de males mi amor no correspondido me había llevado a tener un mal año académico.

Sin embargo, las cosas comenzaron a cambiar ese mismo verano, cuando unos amigos de la universidad que trabajaban en una agencia de turismo me invitaron a viajar al caribe. En esa travesía apenas llegué a mi destino pude ver, en solo diez minutos de estadía, a no menos de veinte mujeres que le daban mil vueltas a la chica que me gustaba. No solo en términos de belleza física, sino en receptividad.

No hace falta decir que ese verano pasó en tiempo récord de ser una tortura a transformarse en las mejores vacaciones de mi vida y la primera vez que me pude acostar con muchas mujeres despampanantes.

Atento, esta es solo mi experiencia, no te quiero decir que para desarrollar una mentalidad de abundancia tengas que viajar a ningún lado. Para ti puede ser mucho más sencillo, solo debes salir ahí afuera, a la calle, al mall y hasta al supermercado. Antes que puedas darte cuenta divisarás a miles de mujeres guapas, justo cuando creías que no volverías a ver a "una como ella". Solo debes abrir tus sentidos, dejar tus malos recuerdos atrás y vivir el momento presente.

Ahora bien, como toda habilidad que se adquiere, la seducción tiene etapas. Es, por así decirlo, como un niño que nace y que va descubriendo cosas por casualidad, y se desarrolla hasta convertirse en un adulto con experiencia. El vivo reflejo de esto es mi propia experiencia, parte de la cual te he relatado.

Cosas que hacía sin darme cuenta y que atraían a las chicas, de las que ha su vez era consiente después, pero aun así no las hacía del todo bien. Eventos que me ocurrían por casualidad, y que me servían para adquirir información. Sin embargo y a pesar de lo azaroso de muchos episodios, ahí precisamente está la clave.

Piensa en esto: si yo descubrí por casualidad muchas de las técnicas que usan los mejores ligones del mundo y las puse en práctica, no de la manera más perfecta, ¿qué sucedería si toda esta información la sistematizaras y perfeccionaras en un método, lo más sintético posible y de solo siete sencillas reglas? ¿Estas preparado para conocerlo?

1)- <u>La entonación de la voz:</u> Te lo dije antes y te lo digo ahora: para poder seducir mujeres has de manejar milimétricamente tu voz y acondicionarla para que suene lo más grave posible. No es tan importante lo que digas, sino como lo digas. Obviamente que es poco recomendable que te presentes diciéndole cosas del tipo: "hola como estas ¿quieres follar?". Pero de la misma manera es mala estrategia recurrir a conversaciones profundas o temas como política o religión.

Lo cierto es que la voz es fundamental en la seducción por que opera sobre el subconsciente de la mujer. La clave esta en llevar el aire al estomago y no al tórax, a fin de hacerla más diafragmática y por lo tanto mas grave.

Créeme una de las cosas de las que mas repugnan a las mujeres en general es la voz de pito o demasiado aguda en un hombre. Y la verdad, les encuentro razón. La mía era horrible y con desniveles que todos notaban. Pero con la práctica logré superar en una medida muy importante ese problema.

2)-<u>Utiliza el lenguaje corporal:</u> Hay gurúes de la seducción que te dirán que el lenguaje corporal es el cincuenta por ciento de las habilidades que debes tener para atraer mujeres. Yo te digo que el lenguaje corporal es el noventa por ciento de lo que debes tener para lograr el éxito.

Así, tal cual. Todo lo que puedas intentar será inútil si primero no impones con tu presencia. Cabeza levantada, hombros hacia atrás, extremidades separadas del cuerpo, mirada fija y penetrante- (no la de un psicópata)-, movimientos ralentizados. Debes darte el tiempo de mirarte todos los días en un espejo y practicar para perfeccionarlo y cuando te quieras dar cuanta tu postura hablara por si sola.

3)-<u>Sé impreciso:</u> siendo impreciso posibilitas que asocie los sentimientos que describes con experiencias o sueños. También hace que resultes romántico, emocionante y misterioso, exactamente lo que quieres transmitir.

4)-<u>Combina los sentimientos con las sensaciones físicas:</u> Has conseguido que piense sobre lo bien que le hace sentir determinada cosa. A continuación, suelta inmediatamente algo que le haga experimentar una sensación física muy agradable, como por ejemplo el viento acariciando su rostro, o un poco de hielo en la piel durante un día muy caluroso.

Es en ese momento donde debes practicar la Kino, pero no el contacto descarado, sino tomarla de la mano, abrázala por la cintura o por encima de los hombros. Debes dejar en claro que toda tu estrategia es con intenciones sexuales, no para ser uno más de los peleles que se acercan a ella para conversar por mendigar atención.

5)-<u>Observa tus respuestas:</u> Esta regla también es importante, obsérvate en la acción. La mayoría de las veces cuando estamos abordando a una mujer de alto valor, caemos en la ansiedad empezamos a hacernos las mismas preguntas de siempre: ¿lo estoy haciendo bien?, ¿tendré éxito?, ¿de verdad que va a caer?

Grave error. En lugar de hacerte estas preguntas y generarte estrés debes observar a tú alrededor. Capta cada detalle que ves del lugar donde estás. Esta actitud mental abrirá para ti un mundo que a los demás les está vedado.

Al detectar detalladamente la realidad que te rodea la percibirás también a ella, sus movimientos, la expresión de su cara, su estado de ánimo. Todo esto te brindará información para saber como actuar y sobre todo cuando tienes luz verde para hacer una kino más intensa y sexualizar.

6)-<u>Se flexible, y a la vez, persistente:</u> Ten en cuenta siempre esto: la defensa que levantan las mujeres es siempre intermitente.

En una cantidad no menor de casos me han rechazado, incluso de manera poco diplomática y quince minutos después, casi sin que yo haga nada, la misma chica me estaba poniendo buena cara, o mejor dicho actitud de cachonda total.

La respuesta está en actuar, abrir a una mujer haciendo un chiste, o cualquier abridor provocador, pero no soez. Se ira de mal humor una vez, dos veces y la tercera vez cambiará de actitud, no debes hacer cosas extraordinarias, solo actuar.

7)-<u>Aprende a ver tus errores de manera positiva:</u> El punto anterior me lleva a este. A veces una chica no responderá nunca de manera positiva. A lo mejor ese día fue horrible para ella, o tu hiciste algo mal.

Lo importante es que, pase lo que pase, debes tomarlo de manera positiva. De un error se aprende y después de cometerlo y corregirte, estarás más cerca del éxito. Por supuesto que esto es más fácil decirlo que hacerlo.

Personalmente no soy un buen ejemplo. Las primeras veces que me rechazaron, me dio mucha rabia y pasé meses y meses sin actuar. Es muy difícil adoptar la actitud correcta, por eso mismo debes practicar.

Hay muchas estrategias que puedes adoptar para aplicar estas reglas de manera efectiva. Sin embargo, debes tener en cuenta que todos los comienzos son complicados, los resultados no llegan de inmediato, pero tú puedes acelerar tu progreso tomando acción masiva, pero no de cualquier manera.

Te daré un ejemplo. Cuando ves a una mujer, tu solo debes acercarte y decirle tres cosas que suceden en torno a su persona y la cuarta debe ser una petición tuya. Así podrás establecer una disposición inconsciente en la mujer. Veamos un ejemplo: "hola que tal, he estado observándote y veo que eres una mujer muy ocupada (primera verdad), he notado que tienes unos libros en la mano que me llamaron la atención (segunda verdad) y veo que estas esperando tu turno para retirarte (tercera verdad); por que no me explicas de que se trata tu libro mientras esperamos aquí o vamos a tomar un café en lo que es nuestro turno, te aseguro que será divertido (dirección y deseo de tu parte).

En este momento la mujer ha sido bombardeada psicológicamente al inconsciente y la has dirigido de manera afirmativa a tus intereses. Obviamente hay muchos ejercicios como estos, pero debes construir los tuyos según las circunstancias. De lo que se trata es de que tu puedas diseñar tus propias reglas y que jamás una chica te haga caer en su juego, sino al contrario.

De esa marera lograrás crear una conexión emocional intensa entre tu y ella, como si la chica te conociera de toda la vida. La conexión emocional que describo es como la de un adicto a la heroína. Este se puede alejar un tiempo de quien le vende la droga, pero antes o después volverá arrastrándose a pedir más.

Existen muchos factores que generan este mecanismo. Pero hay uno que es clave, sin el cual es imposible volverse la adicción del sexo femenino: el juego interno.

Lo más importante que debes saber al respecto del juego interno es que es un proceso sinérgico, una cadena que se retroalimenta. Una fuente de infelicidad interminable que debilita tu juego interno es compararte con los demás y en base a eso decidir si tu eres o no capaz de seducir mujeres.

Esto lleva a muchos hombres a equivocarse a la hora de abordar mujeres, por el temor al rechazo y el miedo parido a los errores. Es importante tener en cuenta que una cosa es compárate con el resto y otra muy distinta es tener modelos de éxito.

Esto último es vital que lo tengas en cuenta, ya que hoy proliferan una gran cantidad de modelos de seductores, desde el falso galán de Hollywood, que en realidad es un pelele encubierto, cuya vida gira en torno a enamorar a una sola mujer- (generalmente muy por debajo de su nivel)-hasta aquellos modelos que necesitas, capaces de sacar tu lado extrovertido y social.

Personalmente una de las cosas que más me favoreció fue cambiar totalmente de ambiente y de amigos. Después de muchos años de estar rodeado de personajes que creían que las mujeres de alto valor estaban ya ocupadas, cambié radicalmente de grupo de amigos, dejando en mi vida solo unos pocos, aquellos que tenían potencial y, como yo, podían cambiar de creencias.

Sin embargo, el cambio de ambiente fue radical y eso posibilitó que pudiera rodearme de hombres que sabían que el mundo y sus mujeres estaban reservados para aquellos con creencias potenciadoras. Ni bien logras rodearte de la gente adecuada para actuar debes hacer exactamente eso, actuar.

Práctica, la clave de todo.

Es la práctica la que te llevara a rozar la perfección. Si bien es cierto que es importante leer sobre teoría y sobre todo analizar que estas haciendo mal, no es menos cierto que estos periodos deben ser breves, y no deben transformarse en excusa para dejar de practicar por mucho tiempo.

Es solo la práctica constante la que te llevara a dejar de idealizar a las mujeres. Esto es tan cierto que la gran mayoría de los hombres que ven a las mujeres guapas como inalcanzables, es porque prácticamente nunca se han acercado a una.

Si tu comienzas a abordar chicas en frío en la calle, ya después de un tiempo te darás cuenta que no son de otro mundo, hasta incluso serán precisamente los rechazos los que te llevarán a bajarlas del pedestal.

Todo esto además potenciará tu lenguaje corporal. Si bien es cierto que hay mucho que tú puedes hacer para eliminar tus ticks de manera consciente, no lo es menos que con la práctica también podrás combatir los vicios de tu lenguaje corporal de manera inconsciente. Como te habrás dado cuenta el juego interno es un circulo virtuoso que se retro alimenta, y cuando lo perfeccionas te conviertes en alguien imparable.

Desde que inicié mi camino en la seducción me di cuenta de lo importante que es mantener una mentalidad de abundancia. Me imagino que has escuchado de aquellos hombres que se casan y casi al día siguiente la mujer cambia radicalmente de actitud hacia ellos, y ya no digamos cuando llega un hijo. Desde que vi presencialmente ese tipo de experiencias me di cuenta que en tiempos de paz hay que prepararse para la guerra.

El hecho de que tengas una relación estable hoy no significa que la tendrás siempre. De hecho, es en la aparente calma ilusoria de esa "relación estable" donde se puede estar formando la tormenta perfecta. Hace mucho tiempo me di cuenta que uno de los principales rasgos psicológicos en una mujer es su conducta infantil.

El entorno en el que crecí se caracterizaba por ser muy conservador y religioso. Nunca olvidaré a una compañera de curso en la universidad que llegó virgen a su matrimonio y aseguraba haberse casado para toda la vida. Decía que era el mejor estilo de vida, el único correcto y hasta se burlaba de los hombres a los que las mujeres no les hacían caso.

No alcanzó a pasar ni siquiera un año cuando nos enteramos de que nuestra compañerita en cuestión se había divorciado. ¿La razón? había conocido a un hombre, deportista, de alto valor y con actitud de malote. Ya sabes, ese tipo de hombre por el que las mujeres mojan sus braguitas.

El motivo por el cual te cuento esta historia es porque, como te dije antes, las mujeres tienen una mentalidad de niña pequeña. ¿Has visto a los chamaquitos y chamaquitas cuando quieren su biberón y hay que dárselo, porque de lo contrario te arman un escándalo de proporciones? Pues bien, luego viene la etapa en la cual el chiquillo se aburre del biberón lo deja tirado, olvidándose que hasta hace unos minutos antes era lo único que quería.

Es lo que ocurre en la mente de las mujeres, sobre todo las mas jóvenes. Al ver a un tipo necesitado instantáneamente le ponen la barrera de la "pureza de su sexualidad", a tal punto que muchas se lo terminan creyendo de verdad y acaban contrayendo matrimonio. De pronto "sueltan de biberón", es decir dejan al tipo que tenían de marido cuando detectan que los necesitados ya no están cerca y se lanzan al ver a un hombre de alto valor, a uno que no tiene a las mujeres como prioridad.

¿Pero cómo desarrollar esa mentalidad de abundancia? Cierto no es fácil. Si lo fuera todos los hombres del mundo serian exitosos y estarían llenos de chicas.

Un buen comienzo es tener claro que la abundancia, antes de verla materializada en la vida real, has de tenerla en tu mente. Cuando experimentas la abundancia mental y logras desarrollar la capacidad de generarla te vuelves inmune a los malos resultados.

Seguro alguna vez has ido al dentista para que te saque una muela. Lo primero que debe hacer es ponerte anestesia porque ese dolor es imposible aguantarlo. Pues bien, la abundancia mental es esa anestesia, esa insensibilidad hacia los rechazos que te hará tomar acción masiva.

El salir a sargeár te hará ligar antes o después, y no importa si primero no te ligas a la mujer de tus sueños, por que el solo hecho de tener sexo con cualquier chica te hará atractivo para otras mujeres.

Aún recuerdo esa noche de sábado, durante el matrimonio de un amigo. Todos los que estábamos ahí éramos hombres y mujeres ya maduros, promedio treinta años. De pronto se me acerca una chica, evidentemente mucho menor que la gran mayoría de los que estábamos ahí, como de veinte o menos, con aspecto de nerd y anteojos "culo de botella". Es decir, lo que comúnmente se calificaría como una mujer de bajo valor o poco atractiva, a la que la gran mayoría de mis amigos ahí presentes habrían mandado a lavarse los dientes y a dormir.

Cuando comenzó a sonar la música estilo reguetón me dijo: "vamos a bailar". La cara de todo el mundo empezó a cambiar cuando vieron a esa casi bebita menearse y restregar su culo en mi pelvis. Pero mas me sorprendí yo cuando en un momento del baile se me acercó y me dijo al oído: "quiero tener sexo contigo".

Siendo el lugar donde estábamos muy grande, ella hace un gesto indicando el segundo piso del recinto, un lugar aislado donde nadie nos iba a ver. Lo cierto es que la nena fue capaz de hacer toda clase de guarradas y dejar que le hiciera de todo. Y era lógico Dado lo poco agraciada que era, seguramente nadie había querido hacerle el favor. A pesar de haber sido muy disimulado, todo el mundo se dio cuenta que había tirado un polvo con ella. Me convertí en el hazmerreír de esa noche y me prometí nunca más volver a ver a esa muchacha y dejar de frecuentar a los que me vieron por mucho tiempo.

Paralelamente, comencé a frecuentar lugares donde era común encontrar mujeres despampanantes. Pero no me refiero solo a pubs y discotecas, sino a lugares donde puedes ir de día. Esos lugares que generalmente no están pensados para ligar, en mi caso un gimnasio. Lo cierto es que mi sorpresa fue grande cuando un día entró al gym una chica de esas que solo se ven en las portadas de las revistas, apenas hicimos contacto visual por unos segundos.

Terminada mi rutina me preparaba para irme a casa, cuando la mujer en cuestión me detiene en la salida y me dice: "hola necesito ayuda, recién me estoy mudando a este barrio y tengo cosas pesadas que cargar en mi departamento, quiero la ayuda de un hombre, si me das una mano te pagaré".

En la rapidez de la propuesta accedo y una vez en su departamento me asaltó y casi que me desnudó. Tuvimos sexo como si no hubiera un mañana, era la segunda vez que me pasaba algo tan insólito. Ahora bien, si de comparaciones se trata, yo me acordaba de la adolescente que me había comido en el matrimonio de mi amigo y este pibón del gimnasio. Si la primera era un espanto en cuanto a la apariencia, la segunda era para dejar incluso al más galancete atónito, una diosa en toda regla.

Pero no solo la apariencia las diferenciaba, sino que, en todo el resto seguro, también eran distintas, empezado por lago clave para las mujeres: los entornos sociales. Mientras a mi amiguita de la "noche aciaga" seguro no le cantaban ni los grillos, a la super chica le lloverían solicitudes de todos lados, y no me habría extrañado en lo mas mínimo que en su lista estuviera el personal training, o el dueño del gimnasio, dispuestos por cierto a hacerle toda clase de "regalitos".

Por alguna razón, sin embargo, me escogió a mí. Esto se debe a la preselección que tienen las mujeres. Como te dije antes, entre mas experiencia tengas con mujeres de todo tipo más posibilidades existen de tener aún más, por muy diferentes que sean las chicas, y sus realidades sociales, como en mi caso. A poco que tomas acción masiva de darás cuenta de esta tremenda ventaja que tenemos cuando lo hacemos.

Esto es muy importante, ya que las chicas tienen mas empatía social, o como suele decirse, poseen un sexto sentido, que en la mayoría de ellas esta muy desarrollado. Esto significa **que cuando tu eres un hombre de alto valor, no necesitas verbalizarlo**, incluso ni siquiera demostrarlo en muchas ocasiones. De ahí que tu valor aumente a más relaciones que tengas, no necesitas decirlo.

Tampoco es necesario decir que estudiaste seducción. Dile eso a una mujer y verás como apenas puede contener las ganas de vomitar mientras te manda a freír monas. La clave está en sub comunicar y existen varias maneras de hacerlo.

El que te haya explicado que tu no debes comunicar verbalmente que eres un hombre de alto valor y con opciones, no quiere decir que en el momento que te acerques a una mujer en publico no seas totalmente sincero en tus intenciones de sexualizar.

Existen muchas maneras de ser sincero en tus intenciones, y es algo que debes poner en práctica siempre sino quieres quedar en la zona de amigos. Personalmente aprendí de muchos hombres que eran expertos en el tema antes que yo y así pude poner en práctica un modo de sexualizar que creo te puede servir.

Luego de muchas experiencias, aprendí a optimizar mis ritmos en las sexualizaciones de manera tal que al día de hoy he logrado darle la dinámica de una montaña rusa, con altos y bajos. No podemos estar permanentemente sexualizando ni que pase mucho tiempo sin decirle algo respecto a lo que nos gusta de ella.

Una buena forma de conseguir esta dinámica es con el **reforzamiento intermitente**. O sea, que el premio o reforzamiento de su conducta se lo ganará en base a que invierta si está en una interacción contigo. Pero no la darás dicho premio en todas las ocasiones que haga lo que quieres.

De esta forma su conducta de "querer agradarnos" será mas duradera. Si intentamos mantenerla en un mismo punto alto y estático acabará por aburrirse o incomodarse, anulando la magia y provocando su huida. Es decir, debemos comunicarnos con inteligencia y proporcionando altibajos sexuales.

El incentivar una conducta en una chica genera resultados positivos siempre y cuando sea divertido para ti y no sólo para ella. Recuerda que ellas quieren tener sexo tanto como nosotros, aun cuando seamos los hombres los que tengamos que invertir mas esfuerzo en llevarlas a ellas a la cama.

Es muy común que muchos hombres cuando ponen en práctica el reforzamiento intermitente se vienen abajo porque ante tanto cambio hay quien termina perdiendo la paciencia. No caigas en dicho error. Tu juego interno debe estar siempre en sintonía cuando sales a conocer chicas.

Resulta que soy hombre y tengo pene, no debería avergonzarme por ello y de hecho no lo hago. Soy autosuficiente y todos los hombres desean ser así. Analízalo un momento, todos tenemos una memoria errónea de nuestra niñez y me incluyo entre esas personas.

De vez en cuando me viene un lapsus de recuerdo donde era muy niño, mucho antes de masturbarme por primera vez, ya tenía fantasías sexuales con mi vecinita, aun cuando en ese momento no me habrían hecho caso. Seguro si haces un esfuerzo por recordar vendrá a tu memoria tu primer deseo sexual que fue mucho antes de lo que tú mismo recuerdas.

Esto se produce tanto en hombres como en mujeres, siendo nuestras cabezas muy distintas. Las diferentes hormonas y los circuitos neuronales, alteran la estructura del cerebro ya en el vientre de la madre, predisponiendo conductas diferentes entre nosotros y ellas.

El estrógeno, la progesterona y la oxitocina son hormonas que condicionan los circuitos cerebrales hacia conductas típicas femeninas, así como la testosterona y la vasopresina estimulan las conductas masculinas.

Además, para entender por que nosotros estamos siempre mas preparados para aprovechar una oportunidad sexual, te comento que tenemos en el hipotálamo un espacio cerebral dos veces y media mas grande que ellas, dedicado al impulso sexual.

Por lo tanto, todo lo que nos ocurre antes de nacer y de pequeñitos nos afectara durante toda nuestra vida de una u otra forma. Esto no quiere decir en absoluto que no podamos modelar nuestra personalidad para aprovecharla en nuestro favor. Si, es verdad, el camino no va a ser fácil, yo soy testigo directo de lo titánica que es esta lucha.

Y no es raro si lo piensas. Nos encontramos con uno de los problemas más frecuentes de la sociedad actual. Hombres y mujeres tenemos miedos e inhibiciones debido a varios factores sobre los cuales nos llevaría mucho tiempo profundizar.

Sintetizándolos de forma práctica podríamos resumir que el pánico al rechazo nos impulsa a quedarnos quietecitos y cobijados en nuestro círculo de amistades, sin exponernos ante lo desconocido. Lo que aún no se ha probado nos asusta, pero más nos aterra no sentirnos valorado y apreciado por los demás.

Tenemos dos opciones: o seguimos imaginando que hubiese pasado si nos acercábamos a dirigirle la palabra a esa mujer despampanante o iniciamos una lucha contra esa timidez que nos agobia y que nos transforma en personas tristes, de trayectoria mediocre en las relaciones.

Como dije antes, mi camino también fue titánico y lo sigue siendo. Lo cierto es que si tú crees que en algún momento de tu vida se te acabarán los miedos te equivocas. De hecho, al día de hoy yo sigo sintiendo ansiedad a la hora de abrir mujeres en público.

Sin embargo, yo actúo a pesar de la ansiedad. Mi sistema es la conciencia de la experiencia. Son tantas las veces que, a pesar de esa inseguridad, el resultado fue satisfactorio que esa ansiedad ya no es mala noticia, sólo un estado en el camino al éxito.

Hoy podemos conocer las claves para superarnos en el terreno de la seducción. Además, tenemos otro factor que juega a nuestro favor y es que la sociedad ha cambiado drásticamente con respecto a la de nuestros padres.

Hoy la realidad es que las mujeres son cada vez más independientes y de gustos más variados. Por tanto, responden sexualmente a mil y un tipos de hombres distintos. Así, algunas se excitan con el modelo de stripper sexy, otras con el clásico rebelde rockero o reguetonero. Otras con el brillante ingeniero con situación económica estable y capaz de mantener a una familia y muchas adolescentes sexys se prenden de un patán capaz de provocarle un infarto a sus padres.

Mejor aún, hay mujeres que se excitan con los intercambios de pareja, o con tríos de ambos sexos. Otras se masturban imaginándose devoradas por hombres feos, en circunstancias en las que disponen de un novio bien parecido. Las hay que tienen fantasías con hombres maduros y otras con jovencitos, incluso con ambos.

A algunas les ponen los tímidos y a otras los osados. Y lo que es mas insólito: a algunas, los dos extremos. Las hay que no quieren saber nada de tener hijos, al contrario de aquellas que abandonan las relaciones por dudar de si el novio es el adecuado. Otras tienen hijos sabiendo que su marido es el menos indicado para ser papá.

A medida que su independencia cultural y económica progresa, son ellas las que, por ejemplo, se van de vacaciones a lugares donde pueden conocer hombres y toman la iniciativa para ligar con extranjeros que no conocen de nada. Ni hablar de las despedidas de solteras, donde se acuestan con el chico que sale de la torta, sin sentir el menor atisbo de culpabilidad.

¿Pero es esto siempre beneficioso para nosotros? La respuesta es sí y no. Cada vez mas hombres han sabido leer la situación que te describí recién y están aprendiendo a moverse en el mundo de la seducción de una manera cada vez mas natural.

Esto significa que, si tu aún no has salido a interactuar con chicas, entérate que te espera una dura competencia de otros hombres.

Como te dije recién los dispositivos de atracción de las mujeres son activados por muchos factores. En cambio, en los hombres, al menos en la gran mayoría, existe casi un solo factor que es importante: el físico.

Esto provoca en muchos varones una gran cantidad de frustración. Son pocos los que tienen las habilidades para poder conquistar a la que se conoce como una tb10. Tal situación lleva a no pocos despechados a optar por el sexo pagado.

Afrontémoslo, los hombres somos de instinto gregario y hay ciertas cosas que deberían ser muy importántes parta todo el mundo, y sin embargo para nosotros no lo son.

Para explicarme bien miremos el siguiente ejemplo. Imagínate que luchaste mucho toda tu vida para ser piloto de fórmula 1 y que te ofrecen fichar por una escudería que dobla tu sueldo actual. Un equipo campeón, mediático y repleto de estrellas. Los coches llevan el mejor motor, pero el pilotaje es automático. Corren sólo porque el volante está dirigido por telemetría desde un puesto de control externo y te fichan por que las normas de competición exigen un humano sentado en el asiento del coche.

¿Sinceramente ficharías por ese equipo? Probablemente no te sentirías como un verdadero piloto. En cambio, un equipo en el que se te dice que vas a ser protagonista, donde sueñan con contar con tu habilidad como piloto, y que a pesar de no ser un equipo tan mediático te admira, ¿te sentirías motivado?

Esta analogía ilustra de manera perfecta los problemas a los que un hombre se ve enfrentado cuando incursiona en el mundo de la seducción. O va por una tb10- (y si es rechazado busca en un club para caballeros alguna parecida)- o rebaja sus estándares y busca mujeres menos agraciadas, pero que estén dispuestas a compartir con el algo especial.

Dicho de otra manera, que tú y ella tengan metas comunes. Esta opción suena muy atractiva, pero en la práctica se da muy pocas veces. La gran mayoría de las chicas dicen esa frase para aparentar y así descartar a los que no las satisfacen y atraer a los que realmente quieren.

Piénsalo un momento ¿cuándo fue la ultima vez que viste una pareja que tuviera metas en común, y que ese factor diera lugar a una relación idílica? Lo cierto es que las trayectorias de ambos en una pareja así, deben ser intachables para que eso ocurra o se mantenga en el tiempo. Es decir, tendrían que ser casi los mejores en la actividad que se desempeñan.

Lo mas común es que a pesar te tener aspiraciones y sueños en común, antes o después salgan a relucir los defectos de él o ella y la relación colapse antes de lo esperado.

En muchas ocasiones el solo hecho de tener una meta ambiciosa, provoca que uno de los dos se crea demasiado importante antes de lograr nada. Este delirio de "celebrity" a su vez hace que la relación se deteriore y todo se vaya al diablo.

Es ahí donde el hombre- (más que la mujer)- comienza a cuestionarse la aparente coherencia de su elección y por lo tanto a "mirar otro corral". Cuando descubre que esa relación idílica que le venden las películas de Hollywood en la vida real es, en el mejor de los casos normalita y en el peor un infierno, se topa de frente con algo que aparentemente es una mala noticia.

Pero, ahí va mi punto. Debes pasar por esa etapa, ya que sólo así te darás cuenta que para un hombre las opciones de tener éxito con el sexo opuesto son infinitas y abundantes.

Al constatar que las relaciones "versión tv" son un fraude, desarrollarás una mentalidad de abundancia y podrás moverte por la realidad con éxito. Sin afectarte emocionalmente por los "bazucazos", aun cuando te los propinen mujeres de alto valor.

Son increíbles los efectos de esto último, porque te enseñan a valorarte. No esperes a tener un proyecto junto a una potencial pareja. En lugar de eso felicítate por todos tus logros, ya sean pequeños o grandes:

éxitos personales, sexuales, profesionales, intelectuales, familiares, etc. Debes dedicar un tiempo a valorarlos, ya que esa es la clave para sacar la mejor versión de ti.

En este campo de la seducción he visto muchos ejemplos de gente que no valora lo que tiene o que lo descubre tarde. Un caso increíble que se me viene a la cabeza siempre es el de un amigo con el que solía ir al gimnasio. Cada vez que veía a una chica me hacía un comentario picante a cerca de ella: que partes del cuerpo entrenaba, cuales no necesitaba entrenar, en fin.

Lo cierto es que la primera vez que salimos juntos, entablamos conversación en un pub con un grupo de mujeres y el único que habló fui yo. Mi amigo ante las mujeres de alto valor simplemente se quedaba en blanco, no sabía que decir. Cuando perdió la timidez, las chicas quedaron maravilladas por sus sagaces cometarios y su éxito fue tremendo.

A eso me refiero cuando sostengo que tu puedes dedicar un momento breve de tu tiempo en pensar que es aquello de lo que realmente te sientes orgulloso, ya que probablemente sea ese aspecto el que te lleve a mejorar tus relaciones con el sexo femenino.

Esto último no quiere decir que seas tu mismo. Los coach de seducción tampoco lo son. Tu debes elegir un estilo. Hay tantos como gurúes de la seducción existen.

Pero debes tener en cuenta que más allá de esa variedad, todos tienen algo en común: un marco fuerte. El marco poderoso tiene muchas características. Las principales son el lenguaje corporal, voz grave y pausada, reírse de los contratiempos o reaccionar ante ellos con tranquilidad.

Sin embargo, hay una característica primordial que debe tener todo hombre con un marco fuerte, y yo después de mucho esfuerzo la pude desarrollar. Cuando alguien no estaba a la altura de mis expectativas me manifestaba. Primero generoso y después indiferente, lo que provocaba desconcierto en la chica con la que interactuaba, ya que ella se sentía obligaba a esforzarse ante la ausencia de reactividad por mi parte.

Por cierto, que cuando hablo de un marco fuerte y de no ser condescendiente si ella no se lo gana no estoy hablando de pretender ser un malote al estilo Clint Eastwood o Chuck Norris. De hecho, debes tener una característica que muchos malotes no tienen: **dominar el arte de la conversación.**

Este aspecto es más difícil y requiere práctica, ya que son muchos los detalles que debes dominar. En muchas ocasiones, ella intentará empantanar la conversación, o lo que es peor empezaras a hablar y ella aprovechara eso para poner barreras. En ocasiones tú le preguntarás cosas como las que recomiendan los clásicos abridores, por ejemplo: "me late que eres enfermera", y ella responderá con puros monosílabos.

El asunto será aún más escabroso si ella es la que empieza a hablar, pero del novio que tiene, de lo mal que la trata, y así horas y horas de bla bla bla. Cuando esto ocurre y la mujer no te deja ni siquiera pestañear, no solo te esta usando como paño de lágrimas, sino peor aún te esta faltado el respeto.

La mayoría de los coach de seducción te dirán que antes de gustarle una mujer, no la debes mirar sólo con ojos sexuales, debes preocuparte de sus necesidades.

Sin embargo, si tú te preocupas genuinamente de todo lo que necesita y ella te ve como el niño bueno o el paño de lágrimas, toda la teoría de la seducción se va por el caño y tu vida se convertirá en un infierno.

Dominar el arte de la conversación no significa necesariamente hablar mucho, sino más bien hablar para explorar en que escenario estas y si vale la pena estar en él.

Para mostrarte de lo que hablo te daré un ejemplo que creo es revelador. En una de mis tantas salidas a sargear, no sé cómo, pero terminé en la casa de una chica que era inmensamente popular. Llegué con un amigo y el lugar en cuestión estaba que reventaba de gente.

Nos acercamos a donde estaba la dueña de la casa y cuando estábamos apenas diciendo hola, llego un grupo de sus amigas y literalmente la arrastro hasta la otra esquina de la casa y le empezaron a cantar el cumpleaños feliz. Ni siquiera sabía el dato de que cumplía años. No fue muy alentador, porque ella tenía la atención de todo el mundo, es decir la mesa estaba servida para que se fuera todo al diablo.

Se que puede parecer poco ortodoxo lo que digo, pero después de ese fallido "hola" dejé de hablar por el resto de la noche y me puse a actuar. En un momento dado salto sobre la cumpleañera y la comienzo a tocar, luego a toquetear y luego a besar, mientras veía como sus amigas y sus potenciales "pretendientes" se iban poniendo furiosos a medida que yo actuaba.

El resultado final no fue lo que yo esperaba porque me terminaron echando de la fiesta. Sin embargo, lo que quiero que entiendas es que dominar el arte de la conversación solo sirve en ocasiones y existirán muchas otras oportunidades en las que "el ambiente" no te dará la oportunidad ni siquiera de "meter ficha".

Digas lo que digas jamás dejarás conforme a nadie, y además no tiene por que pasar eso. Es ahí donde debes dejar de hablar y comenzar a usar la estrategia que mejor funciona en la seducción y diría que casi la única: hundir el colmillo.

Juego diurno y lo que ya no funciona.

En muchas ocasiones te ocurrirán cosas que no quieres, en otras, puede que hasta pases apuros innecesarios. Pero si intentas hablar siempre con ella en esa clase de contextos te diré que va a ocurrir: nada, nada de nada.

Por eso comencé mi explicación de lo que debe ser dominar el arte de la conversación de esta manera tan atípica, porque hay muchos escenarios en los que el modo más genial de cultivar el arte de la conversación, es no decir nada. O actúas, impones tus términos y le muestras lo que quieres o te vas.

En todos estos años que he visto resultados en mis relaciones con las mujeres, no he dejado de sorprenderme de que muchas de las estrategias que uso no son recomendadas prácticamente por nadie, ni en el mundo de la seducción, ni fuera de él. Solo el haber obtenido resultados fuera de lo normal me ha llevado a ponerlos en práctica.

Puede que te suene contraintuitivo, por que debería estarte recomendando que primero tu juego interno debe ser el correcto, y luego lanzarte. Pero lo cierto es que cuando comencé a hacer "daygame", me fui volviendo cada vez mas directo, sin tener mucha fe en esta estrategia, y sólo en la medida en que vi resultados me decidí a adoptarla definitivamente.

A pesar de todo esto, no digo que el juego interno no sea importante. Al contrario es clave en la seducción y en cualquier actividad de la vida.

Así y todo, en la mayoría de los casos que he presenciado, sobre todo cuando te inicias en este terreno, tus creencias internas y sensación de valía, desgraciadamente van a ir y venir en función de tus resultados externos.

Demasiados amigos con los que he salido a sargear, aun estando acompañados por mí, se sienten ridículos o "frikis" por salir a hablar con desconocidas de día y asumen que ellas también los verán como "bichos raros".

Existen estrategias para mejorar el juego interno y disminuir la ansiedad, a la hora de salir a interactuar con mujeres. Cuando empecé a salir a ligar no me conseguía desprender de toda la ansiedad que sentía debido a muchas cosas. Por ejemplo, me preocupaba que podría decir la gente que me estuviera viendo, o lo que pensaría la chica cuando la abordase.

Eso me hacía sentir tenso a la hora de abordarla y pasarme toda clase de películas en mi mente desde que pasaría si la tocaba de manera descoordinada, así me quedaba en blanco. Esto me llevaba a hablar de una manera forzada, lo que provocaba que la chica se sintiera incomoda y abandonara la interacción.

Sólo cuando fui capaz de eliminar esa sensación de malestar y empecé a **sentirme cómodo** comencé a disfrutar mucho más de las interacciones. Las chicas reflejaban ese estado de ánimo positivo y conseguí cierres mucho más sólidos.

Por eso te voy a revelar un truco que uso los días en que siento un poco de ansiedad y que me permite disfrutar de las interacciones. Se trata de salir a buscar el rechazo y hacer el ridículo de tal manera que se convierta en la manera más rápida de perder el miedo. Después de un par de interacciones exagerando esta actitud y en la medida en la que aumenta el numero de rechazos, tus nervios disminuirán, por la sencilla razón de que en una interacción normal nada peor que a hacer el ridículo va a ocurrir.

Imagínate la siguiente escena. Tú estás en un determinado lugar y ves a una chica que te atrae. Te acercas y le dices: "me gustas tanto que me están entrando ganas de follarte aquí mismo hasta que te pongas a gemir de placer". No es muy difícil imaginarse la respuesta que vas a obtener, pues seguro el rechazo va ser infernal.

Lo cierto es que en muchas ocasiones el ego y la ansiedad nos generan una voz interna que nos dice que podemos o no podemos hacer. La mala noticia- (o buena según lo quieras mirar)- es que la única manera de acallar esa voz es tomando acción masiva.

Una vez superada esa ansiedad los problemas a la hora de interactuar con mujeres irán cuesta abajo, dado que de día puedes ser histriónico como te comenté en el ejemplo anterior. Es entretenido y además más económico que de noche. Piénsalo de vuelta, en la noche tu vas a una disco o un pub y si ves a la mujer más atractiva de la noche seguro la verás rodeada de hombres, con el novio o con las amigas.

En cualquiera de los casos los obstáculos son muy difíciles. Si está con el novio es prácticamente imposible que te haga caso, por mas que se sienta atraída hacia ti. Los amigos en el fondo son pretendientes que ya te llevan ventaja. Las amigas aún peor, ya que una mujer atractiva se mueve increíblemente rápido de noche, y sobre todo en una disco.

Por eso si tu planeas primero hablar con la amiga, o con la amiga de la amiga, revisar la logística, saludar a todo el mundo para mostrarte social, cuando te quieras dar cuenta la chica ya no estará ahí. Una mujer de alto valor es solicitada por todo el mundo, sobre todo en lugares como discotecas, por eso actúan con velocidad, no es su culpa, deben hacerlo.

De día es distinto porque, como explique, hay más margen de maniobra. Esto no significa que no existen obstáculos. Uno de los problemas mas comunes es cuando te acercas a una mujer y quieres hablar de algo y después utilizar tu abridor. Le preguntas por la tienda a la que esta a punto de entrar, por sus aficiones o por lo que estudia. Antes de que te quieras dar cuenta el diálogo se trasforma en un preguntas-respuestas de lo más aburrido.

Es muy fácil caer en el modo lógico y seguro muchas veces habrás escuchado que eso no lleva a ninguna parte y que para seducir a una chica debes generar confort. Y yo te digo que todo esto es verdad. ¿Pero cómo se logra este objetivo?

Lo cierto es que no existen recetas mágicas, pero si deseas **generar confort** tienes que llevar la conversación a un modo en el que abunden los adjetivos. De esa manera le podrás dar una carga emocional a lo que quieres comunicar. No es tan fácil como lo pintan y requiere mucha práctica, por lo que te recomiendo adoptar el hábito de salir permanentemente a conocer mujeres.

Otra razón por la que debes desarrollar el hábito de conocer chicas es porque muchas estrategias de la seducción que según muchos gurúes daban resultados, ya no son tan efectivas. Esto es especialmente cierto a la hora de los halagos. Es una mala noticia lo se, pero los elogios sinceros, a alguna característica que no sea su belleza física, están comenzado a fastidiar a las mujeres de alto valor.

Personalmente te puedo decir, después de casi doce años en el mundo de la seducción que, si antes era monótono para una chica guapa recibir piropos sobre su físico, hoy en día ya resulta aburrido para ella ese elogio que antes era efectivo.

Es decir, comentarios como: "se nota que eres alguien que le gusta ser organizada", "que buena combinación haces con tu ropa y tus zapatos" o "que buena manera de expresarte tienes", en el mejor de los casos provocarán una respuesta del tipo "dime algo que no sepa".

En resumen, yo al menos podría afirmar que esa estrategia consistente en detectar lo que la hace única y especial, ya fue descubierta por muchos hombres. Por lo tanto, cada vez genera menos emociones en las mujeres de alto valor y es lógico si lo piensas. Una chica muy solicitada sabe a estas alturas lo que la hace única, por que se lo han dicho miles de veces muchos chicos que tienen la intención de tener sexo con ella.

Mas aún, hoy en día me ha tocado ver a muchos que intentan pasarse de perspicaces con las lecturas en frío y que sólo por eso son puestos en el "club de los sin pilila".

Además, nadie es tan especial, ni único o única, por lo que, para detectar algo realmente "fuera de lo normal" en una persona debes tener un buen tiempo conociéndola.

Mas noticias malas: todo lo que se conocía como cebos o preguntas abiertas, hoy por hoy no te llevarán a ninguna parte. Personalmente recuerdo mi experiencia en la universidad con el cebo más famoso del tipo "pelota". Estoy hablando algo interesante con mis amigos y me organizo estratégicamente con ellos, para generar curiosidad en la compañera de aula que me atrae y..." cero patatero".

Otro cebo que ya está fuera de combate es el de menospreciar su belleza, para que invierta en la conversación. Cuando tú le dices a una mujer que es físicamente perfecta: "no estas mal, pero esos rollitos en tu culo se ven feos", estas literalmente matando la interacción.

Puede parecer "políticamente incorrecto" lo que te digo, pero la belleza objetiva si existe. La mujer que está diez puntos físicamente sabe que lo es. Se lo han dicho mínimo doscientas veces, y si es veinteañera o a punto de llegar a los treinta te garantizo que tiene el ego en las nubes. Sabe perfectamente bien que lo es. Porque tú seas el primero en cuestionar su físico no te vas a desmarcar del resto.

Esto es así, porque las niñas que están "buenorras", tienen mucha vida social. Todo el mundo quiere con ellas. No te confundas, no te quiero decir que se las saben todas. Pueden ser mas estúpidas que un zapato y ser mediocres en su vida.

Pero si hay una certeza que conocen es que su físico es insuperable. Si les dices algo malo, no se les arrugará un músculo de la cara. En el mejor de los casos te dirán un lacónico: "lo tendré en cuenta", y nada más.

Las mujeres, sobre todo las que están en alta demanda, son socialmente más hábiles que el hombre, sean como sean en cuanto a intelecto. En las relaciones humanas sobre todo amorosas, están siempre tres o más pasos adelante del hombre, razón por la cual muchas cosas que a lo mejor creías aún vigentes a la hora de seducir, en realidad tienen cada día menos efecto.

Un último ejemplo que me gustaría darte es el de las preguntas abiertas. Te lo dije antes y te lo digo ahora: tú en lugar de preguntarle algo del tipo "¿qué estudias?", puedes decirle algo así como: "tu mirada me dice que eres enfermera".

Prueba eso y te darás cuenta que a estas alturas la mayoría ya responde con puros monosílabos. Con esa estrategia ya no sacarás información de nadie y menos de una chica diez.

Ahora vamos con aquello que si funciona. Te he hablado antes de lo efectivo que es "hundir el colmillo". Si esto lo unes al lenguaje corporal correcto, la mezcla será explosiva y tus posibilidades de tener éxito se dispararán.

Ahora bien, llega el momento de explicar con lujo de detalles como debe de ser el contacto físico, para que sea realmente efectivo a la hora de interactuar con el sexo opuesto y tener éxito.

El contacto físico es clave en la seducción por dos razones. Una es emocional y la otra fisiológica. Para explicarte la razón emocional, déjame darte un ejemplo que tiene que ver con mi experiencia personal. Siendo novato en el tema de las citas, hace muchos años conocí a una chica con la cual salí una noche y la pasamos en grande e hicimos un montón de cosas entretenidas.

Sin embargo, me faltó una cosa, tocarla, hacerla sentir que yo estaba en plan romántico. La consecuencia de este error fue que llegamos a su casa después de una noche inolvidable, pero cuando intenté darle un beso en la boca su reacción fue "hacerme una cobra".

No solo no se dejó besar, sino que me miro una cara de "¿qué te has imaginado?". Para mi esta claro: el estar con ella casi siete horas, es decir toda una noche y no tocarle un pelo no generó el resultado emocional que yo esperaba. Nuestra relación no solo no adquirió la dirección que yo esperaba, sino que se acabó esa misma noche.

Lo que quiero decir con esta historia, es que no provoqué el desenlace que yo esperaba por un motivo: invadí su espacio de manera muy repentina, por lo que rápidamente se apartó.

Por este motivo si estas aspirando a que una relación con una chica que te atrae vaya en la dirección que tú esperas, debes tocarla desde el principio. Y con esto no me refiero a que te conviertas en el baboso que desde el principio de la interacción la toquetea en forma descarada.

Aun así, el contacto siendo manifestado primero de forma sutil, le comunicara que estás ahí para conocerla, con intenciones románticas. Por ejemplo, si estas sentado en un pub con ella, tócale el brazo, incluso abrázala. Te garantizo que después todo irá cuesta abajo y besarla será una consecuencia de todo lo anterior.

Existe también una razón fisiológica que se explica de manera muy sencilla. El contacto físico entre un hombre y una mujer genera oxitocina, llamada la hormona del amor, que provoca en nuestro cuerpo una sensación de placer.

Entonces el mensaje está claro. **Tócala desde el principio**, y sin preocuparte. Si tienes falta de costumbre ya sabes, practica masiva. Eso hará que tengas la costumbre de tocar y te saldrá natural.

La gran mayoría de los gurúes de la seducción llaman al contacto físico con una mujer la KINO. Esta forma de aproximarse, haciendo contacto físico tiene tres etapas: 1)-La etapa del confort, donde vas a tocar a la chica como lo harías con un amigo, es decir hacer contacto con su codo o con su hombro y en el mas osado de los casos, si están sentados en un café con su rodilla.

2)-Contacto físico magnético o de atracción. Estas en un nivel en el que todos los lugares con los que haces contacto, generan atracción sexual y dan lugar a un momento de avance romántico: tocar la espalda, el pelo, cogerla de la mano etc.

3)-Contacto físico sexual o de romance. Es la continuación de la etapa anterior, solo que mucha más potente, donde ya queda claro lo que va a venir dentro de poco, es decir sexo del bueno.

Los niveles del contacto físico podrían no ser mecánicos. La verdad es que yo me considero el vivo ejemplo de esto, ya que muchas veces he llegado a hablar con chicas, teniendo un plan muy detallado y las cosas resultar mejor de cómo me las imaginé.

Esto al punto que me acerco con el nivel uno en la mente, es decir solo a tocar de manera superficial y en un par de segundos ella me abraza la parte media de la espalda y listo, me ahorra casi todo el trabajo. Se que te puede costar creerlo, pero en una cantidad no menor de ocasiones, muchas interacciones han superado mis expectativas más optimistas.

Esto me lleva al siguiente punto: la logística. Si conoces a una mujer y ella responde de manera positiva, es muy probable que quiera tener sexo contigo muy rápido. Entonces surgirá el dilema de si te la llevas a tu casa o ella te invita a la suya. Si ocurre esto último es más cómodo.

Tu estarás de visita, tendrás sexo con ella y luego te iras. Nada mejor que esto, ya que tu decidirás si vuelves verla o no, sin que sepa donde vives.

Los problemas comienzan cuando se da lo segundo. Tu has conocido a una chica. Lo has hecho todo bien, tan increíblemente bien que si la invitas a tu casa ella accederá rápidamente. Hasta ahí todo bien. Pero ¿Qué ocurre si no la quieres volver a ver y ella sabe tu dirección? Peor aún, ¿qué sucede si llega una o varias veces a tu casa sin avisar?

Esto pocas personas lo tienen en cuenta, pero es algo que debes considerar. Imagina el siguiente escenario: estás teniendo sexo con una mujer que te gusta mucho en tu casa y tienes la seria intención de hacer lo necesario para que esa relación vaya a más. De pronto suena el timbre y ¡balde de agua fría! Es ella, la que no querías volver a ver ni en pintura. Así que tu objetivo actual se pone como loca, se enoja mucho y se va dando un portazo.

Es uno de los riesgos que corres al llevar potenciales conquistas a tu casa. Es cierto, no hay soluciones mágicas, si eres de aquellos que toma acción masiva este momento te tocara vivirlo antes o después.

Sin embargo, debes tener en cuenta que ya, a estas alturas eres un hombre que maneja los códigos de la seducción, que no le da demasiada importancia a este tipo de contratiempos. Estas en alta demanda en el mercado sexual, lo cual provoca que aquella mujer que te interesaba y te rechazó, sea rápidamente reemplazada por otras iguales o mejores.

Si aún eres un novato, debes pensar en lugares donde ella se sienta más estimulada. Sitios donde haya espectáculos, números artísticos y obviamente no falten lugares donde se puedan sentar a tomar algo, ojalá lo más cerca uno del otro.

Ahora, si a pesar de todo estas decidido a llevar a aquella que te gusta a tu casa hay una estrategia que puedes seguir. Primero **llévala a varios lugares**, ojalá la mayoría estén cerca de tu casa, para que luego no tome tanto tiempo llegar.

La razón de este "modus-operandi", es que cuando visitas con ella varios lugares, parecerá que se conocen de toda la vida. Te lo parecerá a ti y a ella también, lo cual ayudará a bajar sus defensas.

Sexo.

Todo lo que te he comentado hasta ahora, tiene que ver con lo que haces para seducir a una chica antes del sexo. Sin embargo, nada de esto servirá para que una mujer o muchas mujeres de alto valor se queden junto a ti, sino las satisfaces sexualmente.

Como te he dicho, las mujeres ansían tener sexo tanto como nosotros, sólo que no lo proyectan de forma explícita, para no parecer ante su círculo de cercanos como fáciles.

Satisfacer sexualmente a tu pareja va más allá del coito. Implica una conexión tanto física como emocional. Por ello, es importante que tengas en cuenta algunas cuestiones. A modo de explicación, debo aclararte que, en el aspecto emocional de la relación sexual, no solo hablo de los sentimientos de ella, sino también de los tuyos.

En todos estos años de experiencia en el mundo de la seducción he conocido a muchos hombres que se imaginaban el momento en que por fin lograrían ligar con la chica de sus sueños. En su mente, ese instante iba a ser el día mas feliz de su vida.

Pero ¡gran desilusión!; llegada la etapa de la intimidad, su rendimiento sexual dejaba bastante que desear y el pibón sexy se llevaba una decepción gigante como una catedral. Esto ocurre cuando un hombre sufre lo que yo llamo ansiedad creativa.

Es lógico, cuando un chico lleva tanto tiempo sin acostarse con una, las mujeres lo perciben como alguien de bajo valor el tipo se vuelve loco. Cuando por fin logra su objetivo, exclama para sus adentros: ¡por fin cayo!, no lo puedo creer!

Es justo en ese momento cuando empiezan los problemas. La ansiedad te empieza a jugar malas pasadas. Puedo recordar perfectamente bien amigos míos llorando, porque en lo que debía ser el clímax de ese momento mágico, no se les erectó el miembro.

Ya te imaginas la vergüenza que pasaron. No solo por la enorme frustración interna que experimentaron, sino porque la mujer de sus sueños paso de verlo como alguien que merecía estar con ella, a sentir lastima y visualizarlo como un niño pequeño con miedo y sin experiencia.

Por supuesto que siempre queda recurrir al sexo oral, para disimular la vergüenza, pero tú sabrás en el fondo que no estas disfrutando como pensabas que lo harías.

El error se vuelve aun peor, cuando a la mitad de la interacción, y siendo evidente que estás haciendo un papelón, le preguntas a ella: ¿qué es lo que más te gusta cuando tienes sexo? Si, esa pregunta se la puedes hacer, pero no en ese momento. En el mejor de los casos, sus gustos en ese terreno los averiguas en medio de una conversación estimulante, divertida y en un ambiente relajado.

Si te das cuenta, es común que ocurra. Sobre todo, cuando un hombre no tiene recursos, y sobrevalora el sexo. Esa es la fórmula perfecta para volverse poco creativo, y comenzar a sufrir antes de tiempo en una interacción.

Afortunadamente, existen muchas cosas que puedes hacer, para acabar con este problema en tú vida y a continuación de revelaré aquellas que son casi infalibles, no sin antes advertirte que algunas son "políticamente incorrectas" y hasta contraintuitivas.

La primera de la que te quiero hablar, sin embargo, es obvia: los besos. Esta comprobado que los besos en la boca, el cuello y en todo el cuerpo son la parte del juego preliminar que más placer causa en la mujer, puesto que la boca sobre todo la comisura de los labios, es una zona erógena.

Además, si te conviertes en un profesional besando no sólo eliminarás los nervios y la ansiedad, sino que tú también sentirás mucho placer.

La forma en la que damos el beso puede ser clave a la hora de favorecer la excitación y el clímax con la chica de tus sueños. Si llegas a convertirte en un maestro de los besos, y sobre todo de los besos eróticos, te aseguro incluso que tu pareja o parejas dejarán pasar uno que otro defecto que puedas tener a la hora del sexo.

Es más, hay mujeres que consiguen llegar al orgasmo, sin necesidad de otros estímulos sexuales. Con tan solo ser besadas logran tener una experiencia sexual inolvidable. Todo esto suena a muy buena noticia, pero te advierto que llegar a ser eximio en besar no es fácil. Se trata de todo un proceso que, si te lo propones puede también terminar en la cama.

Personalmente tengo varias estrategias que te pueden funcionar. Lo primero a tener en cuenta es la posición en la que te debes encontrar. Esta puede influir o no en tu objetivo de hacer que ella sienta altos niveles de placer. Bésala en la ducha, en la cama, primero estando a su lado, luego poniéndote tú encima.

Todos los besos apasionados son eróticos y han de darse con la lengua, aun cuando en la introducción comiences con suavidad. Usa el extremo de tu lengua y sus bordes para ir aumentando con el correr de los minutos la intensidad. Usa tus labios y toda tu boca para poncrtc cada vez mas invasivo. Esto la llevará a ella a percibirte como un dios del sexo.

Lógicamente ahí no termina tu tarea. Tu juego preliminar con los besos debe tener varias etapas. Pero generalmente besar el cuello, la espalda, los pezones y los genitales da resultados espectaculares, pues todos estos lugares son zonas erógenas.

Recuerda tomarte tu tiempo, ni muy lento ni muy rápido, debe ser a tu ritmo. Obviamente que también debes tenerla en cuenta a ella, pero la mayoría del tiempo los cambios de velocidad deben correr por tu cuenta.

La omisión de la fase inicial es un error común que cometen muchos hombres, en su afán de penetrar y sentir placer cuanto antes. Sin embargo, cuando se invierte tiempo en acariciar y besar las zonas erógenas y prolongar el roce piel con piel, el acercamiento es mayor y la experiencia resulta mucho más placentera.

¿Cuánto tiempo deben extenderse los juegos preliminares? No hay un tiempo reglamentario. De hecho, este varía dependiendo del deseo sexual, la complicidad o los gustos que tenga tu pareja, o el número de mujeres que quieran participar en un encuentro sexual contigo.

Está muy extendida la idea de que una relación sexual tiene que culminar con la eyaculación para poder calificarse de "positiva" o "exitosa". Y, hoy por hoy se piensa así no sólo aplicando esto a los hombres, sino también a las mujeres.

Presionarte a ti o a ella para que la eyaculación ocurra no ayudará a la satisfacción de ninguno sino todo lo contrario. En efecto, el luchar para que una determinada forma de obtener placer funcione, solo por que todo el mundo la valida como la vía al paraíso sexual no te llevará a ninguna parte.

Se suele creer que alcanzar el orgasmo de manera simultánea es fundamental para satisfacer a la pareja y cerrar el encuentro con "broche de oro". Pero, esto no es así. Cada quien puede alcanzar el orgasmo en momentos diferentes y, aun así, considerar que ha tenido un buen encuentro sexual.

Otro aspecto esencial para satisfacer sexualmente a una mujer son las pausas.

Aun cuando muchas mujeres tienen la capacidad de continuar después de experimentar un orgasmo, conviene hacer una pausa para hacer el encuentro mucho mejor y más placentero.

Durante esos momentos estimúlala, susúrrale al oído, dale pequeños besos con mordiscos, acaríciale el pelo, en fin. Todos esos detalles que predisponen física y mentalmente para tener más sexo contigo.

Dale prioridad al sexo oral. Si, antes te hablé de hombres que no rinden sexualmente, y por lo tanto usan el sexo oral para disimular sus carencias en la intimidad. Pero si lo conviertes a una manera estimulante y creativa de tener relaciones, el panorama cambiará. Hay muchas formas, aun cuando a mí me funciona de manera espectacular el estilo más clásico, practicado de manera muy intensa.

Ve memorizando algunas máximas. Córtate siempre las uñas, mírala a los ojos cuando estes en el clímax, ayúdate de tus labios, dedos y lengua. Escucha tanto los silencios, como los gemidos, eso te dirá mucho de como se lo esta pasando. Controla sus piernas, es decir en algún momento haz que ella rodee tu cuello con la parte interior de sus muslos y vas a sentir rápidamente si esta tensa o relajada.

Pídele que se masturbe para que te muestre lo que le gusta y ver las "zonas" que debes visitar sí o sí. Muy importantes son tus manos. Coordínalas con lo que hagas en la zona del pubis para acariciar sus muslos, senos o trasero y abarcar todo lo que puedas de su cuerpo.

¿Sabías que más allá del punto G o el clítoris las mujeres pueden experimentar orgasmos de zona y alcanzar el clímax a través de la estimulación de zonas de su cuerpo no necesariamente consideradas erógenas? Pues sí, por ejemplo, masajear su clavícula, nuca o cara interna del muslo las excita hasta el orgasmo, siempre que lo hagas bien y eso puede salvarte de un mal trabajo oral.

El motivo por el que te doy todos estos datos es por que muchos hombres, sobre todo cuando son novatos se ponen nerviosos y para eliminar esa ansiedad intentan hacer cosas espectaculares en este terreno para impresionar a su "conquista".

Lo único que logran con eso es más ansiedad, sobre todo si no resulta.

En cambio, todo se hace mas claro, cuando te das cuenta que tal vez con cosas simples como las que te mencioné y observarla a ella puedes tener una sesión de sexo impresionante.

Hay ciertas cosas que escapan a la lógica. Si tu quieres saber si esa mujer que tanto te atrae quiere volver a verte, después de que ambos hayan tenido su primer encuentro sexual, rápidamente te respondes: me hablará por WhatsApp y me pedirá que nos veamos de nuevo. Es más si nos encontramos en el supermercado o en le gimnasio ira corriendo a pedírmelo.

La verdad, es muy posible que esto también ocurra, pero si no pasa hay varias señales durante y después del encuentro que te darán la clave de cuanto anhela volver a experimentar contigo.

Recuerdo muy bien el día que comencé a notar estos síntomas. Era un lunes en la mañana y estaba recorriendo un centro comercial cerca de donde vivo. Me dan ganas de tomarme un café así que llego a una de esas clásicas cafeterías de pasillo de mall.

Justo cuando me voy a sentar en una mesita, miro hacia el lado y esta ella, Mariana. No te puedo decir lo que hablamos por que la verdad no nos dijimos nada mas que hola, yo me senté en su mesa. De casualidad toque su entrepierna y estaba mojada. Sus ojos estaban dilatados, su boca entreabierta, su mirada fija en mi sin siquiera darle importancia a mi desatinado contacto.

Hacia un año atrás yo y Mari nos habíamos conocido en una reunión en casa de un amigo en común. Yo ya venía desde hace mucho practicando habilidades sociales y recuerdo que esa noche lo hice todo bien, porque cuando terminó la reunión la fui a dejar a su casa. Ella estaba sola y tuvimos sexo del bueno.

La razón por la que te cuento esta historia es porque después de esa noche no nos volvimos a ver, y a pesar que nos dimos los números de Whatsapp no nos escribimos casi nunca.

No se a que atribuirlo, pero lo cierto es que yo tampoco fui insistente. Por ese entonces ya estaba experimentando resultados en grande y tenia opciones por montones con chicas despampanantes.

Así y todo, el reencuentro fue mágico. Nos fuimos del centro comercial a un motel y se me olvidó para siempre eso de "las segundas partes nunca fueron buenas". Lo cierto es que mi segundo capítulo con mari fue de infarto, para no olvidarlo.

Te cuento esta breve historia personal para que veas hasta que punto, no todas las mujeres te van a dar señales obvias de que tienen un recuerdo épico de su último encuentro sexual contigo. Como te dije antes, por muchas razones durante y después el evento en sí, hallarás señales hasta en la sopa que te dirán hasta que punto quedo maravillada con tu desempeño.

Otra señal, no tan evidente es que, durante el acto en sí, puede sudarle un poco la frente y gemir mucho. Además, sus pupilas pueden dilatarse un poco y su tono de voz puede cambiar y tornarse un poco susurrante.

Pero si de plano está revisando los mensajes de su celular- (peor aún si está hablando con otro hombre)-mientras tienen sexo, ya puedes ir pensando en tomar un curso intensivo de como saciar a una mujer.

Algunas mujeres lloran después de alcanzar el éxtasis sexual y no, no es para que te preocupes, no estas para dar pena. O si, pero en el buen sentido. El llanto post-coito suele atribuirse a las situaciones hormonales, pero también a una alta gratificación sexual que se refleja en una descarga en forma de lágrimas. Te repito, no te angusties si llora después de que se dan amor, y sobre todo no se te ocurra hacer la clásica pregunta inteligente: ¿lo hice mal? ¿Te doy pena?

De esto ya te hablé, pero sólo un recordatorio: aprende a interpretar sus gemidos. Si sus gritos de amor suenan mecánicos y repetitivos, significa que está fingiendo y que tal vez quiera complacerte, haciéndote creer que está gozando. No la estás llenando sexualmente en realidad.

Mira su rostro mientras gime. si notas que su expresión está un poco desencajada, es que sus quejidos eróticos son reales. Si su cara es mas bien de aburrimiento, es que sus gemidos son falsos. Ahora bien, si sus quejidos son buenos sean falsos o no y solo de recordarlos te excitas, tómalo con humor y recomiéndale que se presente a un casting para una película porno.

Que se aventure en terrenos sexuales no explorados y se deje llevar por ti, significa que lo estás haciendo bien y confía en que será placentero el sendero por donde la lleves.

El romper tabúes sexuales juntos implica que hay una relación satisfactoria de ambas partes. Atento, no por eso la vas a incluir inmediatamente en un trío sexual. Lo ideal es que fuese así, si es lo que buscas.

Sin embargo, muchas veces los hombres se confunden con las mujeres que rinden sexualmente en la intimidad. Se imaginan que solo porque una mujer tuvo sexo del mas guarro con ellos, es lo suficientemente liberal como para tolerar a otra en una relación casual de trio. Créeme, no siempre es así.

La receta para lidiar con la abundancia.

Hasta este punto te he dicho muchas de las cosas que hace un seductor cuando se está iniciando, o simplemente cuando esta en pleno proceso de acumular experiencia en este terreno.

Pero si tu decisión es seguir este camino y aplicar mucho de lo que te he dicho en este libro, antes o después comenzarás a gozar la abundancia de mujeres en tu vida.

¿Sólo buenas noticias? Me temo que no.

Te lo insinué antes, pero quiero tratar el tema de manera más extensa ahora. Al hombre que comienza a probar el éxito masivo con las mujeres, se le presentan muchos obstáculos. Y que duda cabe que el mayor de todos, es el relacionado con su psicología, con su estado interno.

Así es. Después de años de soledad y desprecio, tanto explicito, como implícito por parte del sexo femenino, te das cuenta que ahora tu éxito es imparable, y a veces sin siquiera proponértelo, una o muchas chicas están locas por ti.

De pronto sientes que estas solo en la cima. Te sientes extraño y hasta ansioso. Es natural, muchas personas y no solo gurúes de la seducción te han dado sus secretos para salir de la escasez. Pero nadie te enseño a lidiar con la abundancia.

Pero seamos sinceros. En un mundo perfecto, ¿cómo sería tu vida romántica? ¿realmente estarías saliendo con una chica a la vez? Puede parecer políticamente incorrecto lo que digo, pero como hombres, estamos biológicamente programados para querer estar con tantas parejas sexuales como sea posible.

Así como te dije que la abundancia puede acarrear dificultades en lo psicológico, también te digo que es natural a todo hombre el desear estar con muchas mujeres de alto valor.

Dicho de otro modo, los riesgos de cualquier tipo nunca son lo suficientemente fuertes como para detenernos en esta tarea. Nos "pica el bichito" desde jóvenes a todos de como seria estar rodeado de bellas féminas y lo más importante, ninguno de nosotros deja de intentar tener éxito en la tarea.

Un gran amigo mío, que también estuvo en el campo de la seducción me dijo alguna vez que **un hombre es tan fiel como se lo permiten sus opciones**. Así que, probablemente hayas considerado salir con muchas mujeres a la vez.

Tal vez esto sea solo una fantasía, o pareciera que no podría funcionar nunca. ¿Pero qué te parecería si te dijera que hay estrategias para poder tener relaciones honestas con muchas mujeres a la vez? Y ten en cuenta que no te hablo de citas casuales- (o no solamente)-sino de relaciones totalmente honradas, sin ocultar nada.

Siempre hago la diferencia porque muchos hombres se quedan en los encuentros casuales múltiples, sea teniendo novia oficial o no. Este estilo no esta nada mal. Yo lo tuve en mi vida durante mucho tiempo, y la verdad puedo decir que los encuentros casuales con mujeres dispuestas a todo por sexo, en lo personal me estimularon mucho y fueron grandiosas experiencias, aun cuando después no las volviera a ver más.

Ahora bien, esto que te describí es sexo casual. Yo quiero ir más allá y hablarte de muchas relaciones abiertas, con ellas totalmente consientes de esto. Hoy por hoy se le llama poliamor, aunque ese es un término nuevo. Yo prefiero llamarlo relaciones abiertas múltiples, aunque para el caso es lo mismo.

Este sistema, si se utiliza correctamente, crea el estilo de vida más satisfactorio, estimulante y liberador que te puedas imaginar.

Piénsalo, hay lugar para tener diferentes novias, que tengan personalidades, ambiciones, objetivos, expectativas y deseos completamente diferentes. Cada relación será especial y cada una de ellas te ayudará a lograr un mayor entendimiento del que podrías imaginar, tanto de ti mismo como de cada una de tus novias.

El poliamor integra todas las buenas partes de una relación. La diversión, la aventura, la curiosidad y por supuesto el sexo. Sin drama, sin mentiras, sin fingir que eres alguien más, sin enmascarar tus verdaderos deseos, sin herir los sentimientos de nadie, y sin sentir que estás atrapado en una relación comprometida a la que nunca te habías suscrito.

Hace un rato te hablé de los problemas que sufren los inexpertos en relacionarse con mujeres. Los papelones que sufren los alejan del sexo y los hacen desistir de seguir adelante. Quizá esa fue la mejor noticia de mi descubrimiento del poliamor.

Yo disfruté de este estilo de vida por muchos años, algunos de los mejores años de mi vida. Era increíblemente divertido y la pasé muy bien mientras lo hacía.

Salí con muchas chicas durante este proceso y aprendí a una velocidad increíble, sobre las mujeres, sobre las relaciones y sobre el sexo. Las relaciones abiertas múltiples fue la experiencia más intensa y entretenida que tuve.

Las cosas realmente se ponen divertidas cuando experimentas lo que yo llame **el imán**, donde las mujeres se sienten atraídas hacia ti casi magnéticamente. Esto fue así a tal punto que la primera vez que experimenté los resultados del poliamor fue con mi ex novia.

Estábamos en su casa, y ella había invitado a unas amigas, pero estas no llegaban, un contratiempo las demoró. Así que mi chica de entonces se desesperó, fuimos a su habitación y comenzamos a darnos besitos y acariciarnos casi sin ropa.

Lo increíble ocurrió minutos después, cuando llegaron sus amigas. Abrieron la puerta y ella solo las miró y les dijo "hola", muy distinto al efusivo saludo que se dan las mujeres cuando no se ven hace tiempo.

Mas aun, después de un instante observando como nos revolcábamos, una de ellas casi me asaltó, me quito la poca ropa que tenía y comenzó a hacer con nosotros un trio. Increíble pero cierto. Mi novia no me armó un escándalo de celos, la otra chica no me miró feo, ni se fue dando un portazo, y lo mejor de todo estuvimos mucho tiempo los tres en una relación.

Con las reglas que te voy a revelar las mujeres sentirán tu seguridad social y sexual. Correrán hacia ti, como tiburones oliendo sangre. Seguro has escuchado muchas veces el dicho "no puedes quedar bien con Dios y con el diablo". Pues bien, yo logre quedar bien con ambos y mucho más.

En lo personal yo nunca fui de imponerle nada a nadie. Considero que de esa manera se lleva mejor la vida. Sin embargo, estoy convencido que el poliamor es para cualquier hombre.

No sólo eso. A todos independientemente de sus sistemas de valores les convendría probar por lo menos una vez en su vida el camino de las relaciones abiertas múltiples. Mi vida al menos cambió de la tierra al cielo.

Yo también tuve una temporada de monógamo y lo cierto es que el lado malo de estar en la monogamia no es la rutina, sino estar con una mujer que tiene una sola serie de aptitudes, objetivos, miedos, experiencias y rarezas.

Ante esto muchos hombres optan por tener otra pareja en secreto. No niego que en algunas ocasiones esto pueda ser divertido, pero nadie puede llevar eternamente una doble vida. Es bien sabido que una mentira cuidadosamente construida, se cae en cuestión de segundos, contrario a lo que podría pensarse, razón por la cual muchos hombres como en mi caso decidimos ser "monógamos sucesivos", es decir tener una pareja y después otra y otra.

Mi trayectoria fue así por mucho tiempo. Cuando la que estaba conmigo ya no llenaba mis expectativas, simplemente esperaba a que terminara conmigo, dado que yo ya tenía vista a la sustituta. Sino se manifestaba, el que terminaba la relación era yo.

No voy por la labor de hacer debates. Los hombres necesitamos diferentes estilos de aprendizaje, diferentes formas de expresar afecto, diferentes deseos sexuales, fantasías y preferencias.

A esto agrégale que la mayoría de los hombres muchas veces no son ellos mismos, ni su mejor versión en una relación, solo para satisfacer a sus novias y ponen en segundo lugar sus fantasías sexuales y eróticas. Ser falsos todo el tiempo es mentalmente y emocionalmente agotador.

Otro detalle importante: si tu puedes tener muchas novias, ella también puede tener muchos novios. Una cantidad no menor de hombres que se inician en el poliamor lo encuentran muy maravilloso, hasta que de pronto están en un bar y una de sus chicas se quiere ir con otro para experimentar.

A los muchachos en cuestión se le viene el mundo abajo, y sin embargo es obvio. Si tú tienes el derecho de estar con muchas parejas, ella también. Más aún, un eventual novio de una de tus mujeres debe saber que tu existes.

Toda experiencia nueva genera miedos. El poliamor no es la excepción. Pero te diré algo que quizá ya sepas: el miedo esta conectado con muchas cosas, y ninguna de ellas es productiva. Cuando piensas salir con muchas mujeres a la vez, puedes tener miedo de ser aceptado, de que ella piense que eres un pervertido, o que simplemente tu entorno inmediato condene tu estilo de vida.

Los prejuicios y tabúes en sociedades que aun son conservadoras te pueden jugar una mala pasada emocional, sobre todo si estas expuesto a relacionarte con personas conservadoras, o que tengan determinadas trancas sexuales.

Esto no debe hacerte desistir si es la vida que quieres. Esta barrera debes superarla cuanto antes, ya que antes de empezar a disfrutar como lo hago yo, debes calibrar algunas cosas que, mientras las ajustas te traerán problemas.

Quiero ahorrarte camino, para que evites los errores que cometí yo. Con esa finalidad te voy a comentar las cuatro reglas que debes seguir para que tu experiencia con las "relaciones estables múltiples" sea el episodio más memorable que hayas tenido en tu vida.

<u>Regla N° 1- Nunca la hagas sentir como la segunda mejor mujer:</u> Nunca le digas a una de tus mujeres, "tengo que cancelar nuestra cita por que voy a salir con otra de mis novias". Nunca, jamás hagas eso.

Esto es importante para todo el proceso. Las mujeres estarán completamente cómodas con el poliamor, pero no con que tú elijas a alguien más por sobre ellas. A ninguna mujer le gusta sentir que están de segundo violín, pero si estarán de acuerdo con ser parte de la orquesta.

Si tu chica piensa que es una suplente todo el tiempo- (no sólo ocasionalmente)-, ella se arrepentirá, porque la situación le comenzará a ser incomoda. Si tiene amigas en su circulo social, ella las llevará a sus salidas y tú te quedarás sin ninguna novia. Así que simplemente no lo hagas.

<u>Regla N°2- No proyectes a futuro:</u> Nunca hables sobre tu futuro, o como sus vidas serán en el futuro con ninguna de tus parejas.

Si tu proyectas a futuro con una chica y le dices cosas del tipo, "el próximo año deberíamos ir solos al caribe y tener sexo desenfrenado", le dirás algo aparentemente atractivo pero erróneo. Lo que va a procesar en su cabeza es que tú quieres una relación monógama de largo plazo, y tienes planes para seguir estando con ella mucho tiempo. Atento, no te equivoques en este punto.

<u>Regla N°3- Elimínala de tu vida si se pone celosa más de una vez:</u> Si ella se pone celosa una vez, perfecto, utiliza esa oportunidad para establecer un refuerzo en tu relación poliamorosa.

Sutilmente corrígela, dile algo como "Yo te dije que practico el poliamor, y verdaderamente lo hago. No soy el hombre con el que te vas a casar. No soy el hombre perfecto para ti. Si no estás cómoda con eso, necesito saberlo ahora para terminar con esto".

Es muy importante que seas directo y pongas todas las cartas sobre la mesa de manera honesta y abierta. Si ella se pone celosa de nuevo luego de ese ultimátum, entonces debes eliminarla por completo de tu vida. No la dejes continuar. Hay demasiadas mujeres en el mundo como para lidiar con los celos.

<u>Regla N°4- Cubre sus necesidades siempre:</u> Cubre todas sus necesidades con tanta frecuencia como puedas. Obviamente debes hacerlo sexualmente.

Deberías poder mantenerla emocionada en la cama. Si no lo haces, ella encontrará a alguien más que lo haga. Esto significa que debes estar abierto a las cosas que ella podría querer experimentar. Prepárate para todo y recuerda las estrategias que te revelé para superar la ansiedad ante la posibilidad de tener sexo con una mujer que te gusta.

Lo menos obvio es cubrir sus necesidades emocionales y mentales.

Tú eres su hombre. Si ella necesita un mentor, tu deberás serlo. Si ella necesita un poco de energía masculina en su vida, tu debes ofrecerle esa energía. Es muy importante que estés cómodo haciendo todo eso, ya para todo esto necesitas bagaje. Por eso, si aparece en tu vida nuevamente el sexo ocasional, no lo desprecies.

Cuando te encuentres con mujeres ocasionales mientras estás en el poliamor, es casi tu deber tener sexo con ellas, siempre y cuando no sean horribles. Mi regla siempre fue que, si puedes pensar en ella y no vomitar, entonces lo debes hacer. Es casi una obligación.

Atento no estoy diciendo que debas profundizar en una relación con una chica de estas características, pero tampoco calificarla de "puta". Cuando te acuestas con ellas, les estas dando un regalo, tu eres el premio. Además, le estas haciendo la vida mas simple al siguiente tipo que venga y quiera estar con ella.

Reconozco que en este tema los desafíos no se acaban nunca. Una chica muy sensual y bisexual me dijo que practicaba el poliamor, y que quería saber si yo estaba abierto a ello, y yo aun tenía un par de objeciones. Hasta cuando las mujeres están interesadas en este estilo de vida, van a querer saber más sobre ello. Es totalmente natural que las mujeres tengas muchos reparos.

Y déjame decirte que muchas chicas no estarán realmente seguras sobre cómo se sienten sobre esto al principio. Ellas van a hacerte muchas preguntas para intentar resolver sus líos internos.

La mayoría de estas preguntas son una prueba para ti. Sólo quiere ver cuan honesto eres en realidad. Intentarán muchas veces descubrir si estás solo intentando acostarte con ellas. La menor duda al actuar o explicar y estas acabado.

Este terreno ya lo hemos cubierto, pero no está demás recalcar que la competencia siempre existe. Y cuando las mujeres compiten entre ellas es a muerte. Por eso muchas veces, cuando estás con una eventual candidata a pertenecer a tu grupo amoroso, ella puede empezar a hacer cosas para hacerte sentir que es casi perfecta y así provocar que la veas como pareja única.

Por esto, debes tener claro que antes o después te hará la pregunta clave: ¿qué tipo de mujeres son tus parejas? Estarás obligado a tener una buena respuesta. Olvídalo, no te voy a decir que mientas, después que te he recomendado exactamente lo contrario.

Debes ser sincero. Pero hay formas y formas de decir la verdad. En lugar de responder a esta objeción, describiendo las conductas sexuales de tus parejas y explayarte sobre el sexo depravado que tienes en la intimidad, háblale de aquello a los que se dedican.

Si tu candidata a estar en tu circulo de poliamor, escucha que una de tus parejas estudia derecho, otra se dedica a la literatura, una tercera es enfermera, es muy probable que sus profesiones hablen por sí mismas.

La muchacha decodificará que en tu círculo de parejas hay mujeres inteligentes, estudiando y haciendo cosas que las convertirán en personas independientes económicamente. Esto alejará en su inconsciente la figura de la mujer fácil de su mente.

Está claro que en tu set bien podría figura una stripper. Pero créeme cuando te digo que esas chicas son profesionales del sexo y el erotismo. Si no mencionas su presencia, al menos en un principio, no se molestará.

Si finalmente ella está dispuesta a seguirte la corriente, entonces ya has reforzado tu estado poliamoroso. Y también es una forma muy soterrada, pero efectiva de construir un triángulo sexual, si responde como tú esperas, de lo cual hablaremos luego.

Para que permanezca siguiéndote la corriente, ponla a prueba. Por ejemplo, estando en un bar, si ves a una mujer atractiva, invítala a sargear, como lo harías con un amigo.

Tómala de la mano, acércate a la mujer que te gusta y suelta una frase del tipo: "te vi de lejos, algo me llamó la atención de ti y estoy aquí para saber que es". Ella al verte en la acción, con esa confianza, y darse cuenta que no te limitas solo hablar, nuevamente operará de manera poderosa sobre su subconsciente.

Todo lo que he contado hasta qui es lo que debes hacer antes y durante el proceso de conocer a las mujeres de tus sueños, es decir cuando te acercas y aún no sabes si la vas a atraer, y cuando ya sabes que la tienes y es ovio que tendrán sexo.

Pero ahora llegamos a un tema que quizá tu no suelas pensar muy seguido, que hacer después de tener sexo con una o muchas mujeres. La respuesta rápida a esta pregunta es, acurrucarse y la oxitocina.

Acurrucarse es un comportamiento natural de construcción de confianza, y la oxitocina es un químico que es liberado por el cerebro de una mujer cuando tiene un orgasmo. Entonces, ¿qué tienen que ver estas cosas entre sí? Hay que ir por partes para que veas que no es un tema inconexo con todo lo anterior.

La oxitocina es un químico que ayuda a crear un lazo de amor en una pareja.

Este pequeño químico es la razón por la cual las mujeres tienden a necesitar más afecto luego del sexo, y el porque los hombres no lo necesitan.

Verás, los hombres no tienen esa descarga de oxitocina, así que solo quieren que los dejen en paz. ¿Alguna vez has tenido sexo e inmediatamente te has sentido ansioso, un poco como si estuvieras perdiendo el tiempo? Las mujeres sienten lo opuesto. Ellas quieren relajación después del sexo.

La oxitocina es la droga del amor, el químico del amor.

A medida que tengas sexo con las mujeres, les darás orgasmos. Va a suceder, aún si nunca te había pasado antes. Una vez que comiences a ser alguien de valor en el mercado sexual esto sucederá. Cuando suceda, veras ese subidón de oxitocina.

Si ella quiere acurrucarse, esta bien, muy bien, dale gusto. Deja que ella se recueste encima de ti, todo está bien. Ella puede contarte sus problemas, pedirte consejos, puede compartir contigo lo que le está pasando en su vida. Pero una vez que empiece a hablar de su futuro contigo, córtalo. Recuerda hacerlo como te lo explique mas arriba, no de manera violenta.

Esa es la razón por la cual te hablo del después, por que es el momento en que muchos tipos cometen errores, que lo echan todo a perder.

Es fácil sentirse incómodo o intentar ponerse en modo relación al día siguiente de haber tenido sexo. Algunos hombres tienen sexo y la siguiente mañana están balbuceando frases de cómo "que lindo estuvo ayer... fue bueno verte... te llamaré" etc.

Si duermes con una chica, te aseguro que debes estar dispuesto a desayunar con ella en algún lado al día siguiente. Más te vale que estés dispuesto a pasar tiempo con ella y tal vez invitar a otras personas a pasar tiempo también. Este no es un momento de calidad en la relación, pero debes pasar por esta etapa.

Una buena forma de mantener las cosas livianas es evitar ponerte en "modo de confianza", que es algo que sentirás que deberías hacer. En vez de eso comienza con bromas juguetonas. Deja que la energía sea divertida, boba, y luego ten una conversación amistosa y normal, tal vez un poco de confianza, pero no entres en una confianza profunda a la mañana siguiente después del sexo.

Una de las maneras mas sencillas de darle continuidad a tu éxito es seguir buscando mujeres con la ayuda de tus novias. Mira a la gente que forma parte de la vida de tus novias como potenciales parejas. Esto funciona muy bien si piensan que su amiga necesita acostarse o no puede encontrar un buen tipo. Esto es verdaderamente fácil y relajado.

Incluso atrévete a ir más allá, y comienza a ver a todas las mujeres en tu vida como potenciales personas dignas de ser tenidas en cuenta para el sexo. No te digo que veas a tu mamá, o a una menor de edad como aptas, no, ¡para nada! Pero seguro que en tu familia tienes a una tía sexy, o a una prima que siempre te gusto.

Libera tu imaginación, por más que nunca haya posibilidades con ellas. Cuando comencé a poner en práctica esta manera de ver las cosas, no solo la encontré entretenida, sino que mis resultados aumentaron exponencialmente.

A lo largo de estas líneas te he contado algo de mi historia, para mostrarte lo que a mí me funcionó. En otros pasajes también te conté lo que esta científicamente comprobado que a casi todo el mundo le funciona, y eso es básicamente más de lo que necesitas saber para tener éxito.

Solo me resta decirte la razón por la cual creo que todo hombre debería experimentar la seducción, aun cuando solo sea para saber la vida que se va a perder si opta por la monogamia. La razón es que el sexo con muchas mujeres es divertido y hace bien.

Tu cambiarás. Dejarás de verte a ti mismo como una basura humana y comenzarás a verte como esa persona capaz de llevar a mujeres a estados de placer que nunca experimentaron. La calidad de tu sexo mejorará y eso las beneficiará a ellas

A esto súmale que, al tener éxito en las relaciones con las mujeres, no solo cambiará tu vida amorosa. Como toda persona absurdamente buena en algo, tu éxito en todos los aspectos de tu vida se disparará, lo que a su vez creará un efecto domino en ti que te hará cambiar por completo.

Tu salud mejorará, ya que tus niveles de dopamina se elevarán como le espuma. Esto a su vez provocará que tengas mas claridad para rendir en tu área profesional.

Los hábitos poco saludables como el beber en exceso desaparecerán, debido a que el alcohol es sólo atractivo para las personas que están solas. Si no me crees tómate el tiempo de ir a una discoteca, o un bar y te darás cuenta que los hombres que están pegados a la barra tomando un trago y comentando lo bellas que son las chicas que ven son precisamente los que no se llevarán a ninguna de ellas a casa.

Ni hablar del deporte y la actividad física. Si al igual que yo, lo tuyo es el gimnasio, imagina lo motivado que vas a estar para no faltar a tus rutinas, si sabes que estas en la lista de- (No una)- sino muchas mujeres de nivel.

Las personas que triunfan se trazan objetivos a largo plazo, se fijan metas ambiciosas. Ahora bien, la única manera de que esos objetivos salgan como tu quieres, es que comprendan que antes debes trazar hábitos de corto plazo, rutinas diarias que se deben convertir en automáticas. Créeme, no hay nada que te haga comprender mejor esta estrategia de vida que la seducción.

Los hábitos diarios, el contraste de obtener resultados, y en ocasiones fracasar rotundamente te cambiarán por completo. Te darás cuenta que así es el juego de la vida en todos sus aspectos. Una vez asimilado como es el camino a esas metas ambiciosas ya no sufrirás más.

Este último aspecto te llevara a renunciar a hacer solo lo indispensable. Todos estamos destinados a brillar, lo único que nos lo puede impedir es la ley del menos esfuerzo. No es solo para algunos. El convertirse en leyenda, en un crack en alguna actividad, es algo que está en cada uno de nosotros, pero que muy pocos consiguen.

Para eso debes darlo todo de ti. Cuando te liberas del miedo de dejarte la piel, automáticamente liberas a otros de sus miedos. Te conviertes en una inspiración para gente que estaba atrapada en su vida.

Y que mejor que superar el miedo tan común a acercarse a mujeres. ¿Qué crees que pasará cuando tus cercanos te vean a ti, que solías ser un mediocre, con una o muchas mujeres, muy superiores al promedio?

Las personas exitosas saben que son responsables de su vida, sin importar su punto de partida, sus debilidades o sus fracasos pasados. Comprender que tu eres el responsable de tu destino es aterrador y emocionante. Y cuando lo haces es la única forma en que puedes tener éxito.

En apariencia esto es fácil. Pero no, no lo es. El liberarse del ego de pensar que tu fuiste una víctima de alguien o de muchas personas te dará el poder de seducir, aunque en ocasiones estés muerto de miedo.

Recuerda que las personas con mentalidad fija tienen un solo destino: el fracaso. Si te desenvuelves en la sociedad actual, te habrás dado cuenta que desde todos lados se nos bombardea con un mensaje totalmente equivocado. Se nos dice que el talento por sí solo nos dará el éxito.

Es un mensaje peligroso, dado que crea la ilusión, en una cantidad no menor de gente, llevándola a creer que tendrán un éxito arrollador sin hacer ningún esfuerzo. Esta creencia es un veneno. El mundo esta lleno de personas que se tragaron este cuento, sin desarrollar nunca el potencial que poseían.

Y si, ya lo intuyes, en la seducción ocurre lo mismo. Es la razón por la cual los comienzos en este campo son tan difíciles. Piénsalo, a lo mejor te ocurrió. Tienes veinte años, estas rodeado de individuos arrogantes que creen saber todas las respuestas a todo, cuando en realidad no tienen ni una pálida idea de nada.

Son ese tipo de personajes los que creen y afirman que no hay nada que hacer, que el ser seductor se lleva en la sangre, y que por mucho que te aconseje alguien con éxito nunca llegarás a tener ese nivel. Todo falso, la única manera en la que puedes llegar a exprimir todo tu potencial es **con la práctica**, mentalidad de crecimiento y humildad.

Huye de las soluciones rápidas como de una peste. Quien es absurdamente bueno en seducción, tiene claro que la maestría se adquiere a partir de pequeñas mejoras diarias. Nada será perfecto, no importa cuánto lo intentes. El miedo al fracaso- (o incluso el miedo al éxito)- a menudo nos impide emprender una acción y aportar con nuestra creación al mundo.

El seductor exitoso tendrá que aprender a decir no a ciertas tareas, actividades y demandas de sus amigos o familiares. Incluso muchas cosas que haces que crees que te gustan deberás dejarlas.

Uno de los ejemplos que siempre doy, es el mío propio con la televisión. Hace algunos años, cuando aún estaba en secundaria, invertía todo mi tiempo estando en casa en ver programas y teleseries.

El tener certeza de que, con la seducción iba a mejorar todas las áreas de mi vida, me hizo centrarme en mi éxito profesional, en mi salud y en estar en la calle trabajando en mis habilidades. Es decir, mi éxito con el sexo opuesto, genero en mi vida un círculo virtuoso tal, que hoy la sola idea de prender la television me causa una sensación de asco indescriptible.

Recuerda por último que no te queda mucho tiempo. Este libro que he escrito es para que descifres las claves para tener el éxito en tus relaciones con las mujeres.

Sin embargo, entre más gente ponga en práctica estos conocimientos, más competitivo se hará el mercado sexual masculino.

Este libro no solo lo concebí para que internalizaras conocimientos. Sobre todo, lo pensé para que salieras a la calle. Es ahí donde debes perder el miedo, disfrutar y triunfar al mismo tiempo.

¡Que nada te detenga!

Fin

Did you love *El camino de la seducción*? Then you should read *Atrae mujeres con masculinidad*[1] by John Danen!

[2]

Aprende el arte de atrer mujeres con tu masculinidad.Trasmite tus cualidades más masculinas y coviertete en un hombre codiciado por las mujeres.

---

1. https://books2read.com/u/mVaWA6

2. https://books2read.com/u/mVaWA6

www.ingramcontent.com/pod-product-compliance
Lightning Source LLC
Chambersburg PA
CBHW052230150726
48002CB00003B/1356